처음 나라가 생긴 이야기

처음 나라가 생긴 이야기

초판 1쇄 발행 2012년 8월 24일
초판 12쇄 발행 2023년 6월 26일

글쓴이 | 김해원
그린이 | 정민아
펴낸이 | 김사라
펴낸곳 | 해와나무
출판 등록 | 2004년 2월 14일 제312-2004-000006호
주소 | 서울특별시 영등포구 양산로23길 17 2층
전화 | (02)364-7675(내용) / 362-7675(구입)
팩스 | (02)312-7675
ISBN 978-89-6268-096-6 73910

ⓒ 김해원, 정민아 2012

• 값은 뒤표지에 있습니다.
• 책 내용의 일부 또는 전부를 인용하거나 발췌하려면 반드시 저작권자와 출판사 양측의 서면 동의를 구해야 합니다.

제조자명:해와나무 **제조국명**:대한민국 **제조년월**:2023년 6월 26일 **대상 연령**:8세 이상
전화번호:02-362-7675 **주소**:서울특별시 영등포구 양산로23길 17 2층
*KC마크는 이 제품이 공통안전기준에 적합하였음을 의미합니다.
주의:책의 모서리에 다치지 않게 주의하세요.

정말로 곰이 사람이 되었을까?

어릴 적에 쑥과 마늘을 먹고 사람이 된 곰이 우리 땅에 처음 나라를 세운 단군의 어머니라는 걸 알고는 신기했습니다. '정말 곰은 사람이 될 수 있을까?', '동물원에 있는 곰들에게 왜 마늘과 쑥을 먹이지 않는 걸까?' 이런 생각을 하면서 곰에게 은근한 정을 느끼기도 했지요.

나이가 들어서야 그 이야기가 여느 옛날이야기처럼 사람들이 지어낸 신화일 뿐이라는 걸 알았어요. 그렇지만 곰이 아리따운 여자가 되었다거나, 커다란 알에서 아기가 나와 왕이 되었다거나 하는 이야기가 아주 터무니없는 건 아니었지요. 옛사람들은 자기 나라를 세운 사람이 뛰어난 영웅이라는 걸 말하려고 부풀렸을 뿐이에요. 곰이 사람이 되고 그 아들이 나라를 세우지는 않았어도, 곰을 숭배하는 부족이 고조선이라는 나라를 세운 것은 사실이었듯이 말이지요.

이렇게 나라를 세운 이들을 멋지고 훌륭하게 그려 낸 이야기를 우리는 '건국 신화'라고 한답니다. 아마도 건국 신화를 지어낸 사람들은 나라를 세우고 이끌어 가는 왕이 백성들에게 존경받으려면 어떻게 해야 하는지 궁리했을 거예요. 그러니까 건국 신화는 왕의 위대함만 그린 것이 아니라, 왕의 도리를 보여 주는 것이라고도 할 수 있지요.

  이 책에는 우리 땅에 세워진 여러 나라의 건국 신화가 실려 있어요. 건국 신화를 보면 한 나라가 어떻게 세워졌는지, 또 그 나라 사람들이 어떻게 살았는지 짐작할 수 있답니다. 건국 신화는 역사를 쉽고 재미있게 이해하기 위한 첫걸음인 거지요. 그럼 함께 재미있는 역사 속으로 들어가 볼까요.

– 김해원

차례

- 글쓴이의 말 4

고조선 곰의 아들, 나라를 세우다 • 8
신화로 역사 읽기 18 / 아하! 고조선 19

고구려 왕이 된 활 쏘는 소년 • 20
신화로 역사 읽기 34 / 아하! 고구려 35

백제 새 땅을 찾아 떠난 두 형제 • 36
신화로 역사 읽기 48 / 아하! 백제 49

신라 알을 깨고 나온 왕 • 50
신화로 역사 읽기 60 / 아하! 신라 61

가야 구지봉에 울려 퍼진 신비한 목소리 • 62
신화로 역사 읽기 76 / **아하! 가야** 77

발해 고구려의 후손, 새 나라를 세우다 • 78
신화로 역사 읽기 94 / **아하! 발해** 95

고려 용왕의 후손, 삼국을 통일하다 • 96
신화로 역사 읽기 110 / **아하! 고려** 111

조선 왕이 된 용감한 장수 • 112
신화로 역사 읽기 126 / **아하! 조선** 127

대한민국 • 128

기원전 2333년~기원전 108년

고조선

이곳은 바로 북한에 있는 묘향산이야. 높고 아름다운 봉우리를 여러 개 품고 있는 묘향산은 오랫동안 연주산, 태백산으로도 불렸지. 아주 먼 옛날, 하늘을 다스리는 환인의 아들 환웅이 인간 세상을 다스리기 위해 내려온 곳이 바로 태백산이었다고 해. 물론 그 태백산이 지금의 묘향산이라는 뚜렷한 증거는 없어.

태백산에는 신단수가 있었어. 신단수는 사람과 하늘을 이어 주는 신성한 나무였지. 고대 사람들은 간절한 바람이 생기면 신단수를 찾아와 빌었을 거야. 곰에서 사람이 되어 환웅과 혼례를 올린 웅녀처럼 말이지. 웅녀는 우리 땅에 처음 나라를 세운 단군의 어머니이기도 하지. 자, 단군의 이야기가 시작되는 태백산 신단수로 가 볼까?

곰의 아들,
나라를 세우다

까마득한 옛날 일이에요. 하늘 나라를 다스리는 환인한테는 환웅이라는 아들이 있었어요. 환웅은 날마다 사람들이 사는 땅을 내려다보았지요.

"아버지가 하늘 나라를 다스리듯이, 나도 저 땅을 다스리면 좋겠구나."

환웅은 사람들을 이끌어 더 좋은 세상을 만들고 싶었어요. 환인은 그 뜻을 장하게 여겨 아들을 내려 보낼 곳을 찾아 땅을 굽어보았답니다.

그때 환인의 눈에 띈 곳이 바로 세 산봉우리가 우뚝 솟아 있는 태백산이었어요. 태백산 둘레는 기름진 들판이 펼쳐져 있고, 푸른 강물이 흘렀지요.

"환웅아, 저곳으로 가거라. 높은 산봉우리는 거센 바람을 막아 주고, 긴 강물은 마르지 않을 것이며, 너른 들판에서는 곡식이 잘 자랄 것이다. 저곳에 터를 잡으면 네 뜻을 펼칠 수 있겠구나."

환인은 아들에게 천부인 세 개를 내주었어요. 거울, 칼, 방울이었지요. 하늘 나라에만 있는 귀한 보물이었어요.

"천부인은 네가 하늘에서 내려왔다는 증표이다. 내가 하늘 나라를 다스리는 것처럼 너도 인간 세상을 평화롭게 다스려라."

환웅은 천부인을 소중하게 몸에 지녔어요. 그리고 자신을 따르는 무리 3천 명을 거느리고 구름 위에 올라탔지요.

환웅이 이끄는 무리는 환인이 점찍어 준 태백산 꼭대기에 내려왔어요. 높은 산마루에는 우람한 나무 한 그루가 있었어요. 환웅은 그 아래 우뚝 서서 큰 소리로 말했어요.

"이 나무는 하늘과 인간을 이어 주는 신단수이다. 이 아래에서 새로운 세상을 열 것이니, 모두 나를 따르라!"

환웅의 힘찬 목소리가 태백산에 쩌렁쩌렁 울려 퍼졌어요. 3천 명의 하늘 사람들이 신단수 둘레에 터를 닦고 집을 짓자, 곳곳에 흩어져 살던 땅의 사람들도 하나둘 모여들었지요. 환웅은 이곳을 '신시'라 이름 지었답니다.

환웅은 바람을 다스리는 풍백, 비를 다스리는 우사, 구름을 다스리는 운사를 불렀어요.

"새로운 세상을 풍요롭게 하려면 바람이 알맞게 불어야 하며, 비가 골고루 내려야 하고, 구름은 해를 오래 가리지 않도록 해야 한다. 너희 셋은 내 명을 한시도 잊어서는 안 된다."

"명심하겠사옵니다."

환웅의 말에 세 신하는 허리를 깊숙이 숙였지요.

환웅은 세 신하를 거느리고 신시를 두루 다스렸어요. 사냥을 하며 가축이나 키우던 사람들에게 농사짓는 법을 가르쳐 주었고, 병들고 아픈 이에게는 약을 지어 고쳐 주었지요. 그리고 사람들에게 옳고 그른 일을 일깨워 주었답니다. 어진 환웅 덕분에 신시는 아무 걱정 없이 평화로웠어요.

그러던 어느 날, 곰과 호랑이가 환웅을 찾아왔어요.

"환웅이시여, 저희도 사람과 더불어 살고 싶습니다. 저희를 사람으로 만들어 주십시오."

"사람이 되려면 이루 말할 수 없이 힘들고 고통스러운 과정을 이겨 내야 한다. 할 수 있겠느냐?"

환웅이 곰과 호랑이를 내려다보며 말했어요.

"사람이 될 수만 있다면 뭐든지 하겠습니다."

곰과 호랑이는 땅에 넙죽 엎드렸어요.

환웅은 둘의 뜻을 갸륵하게 여겼어요.

"너희가 정 그러하다면 마늘과 쑥을 먹으면서 백 일 동안 햇빛을 보지 말거라."

환웅은 곰과 호랑이 앞에 마늘 스무 개와 쑥 한 줌을 내놓았어요. 둘은 그걸 가지고 빛 한 줄기 들지 않는 캄캄한 동굴로 들어갔어요.

해가 뜨고 지고, 달이 뜨고 지고…… 그렇게 하루가 가고 이틀이 갔어요. 어두컴컴한 동굴에서는 날이 밝는지, 날이 지는지 알 수 없었지요. 그 어둠 속에서 마늘과 쑥을 씹어 먹으며 견디는 건 몹시 고통스러운 일이었어요. 결국 호랑이는 약속한 날짜를 한참 채우지 못하고 동굴을 뛰쳐나왔어요.

"아이고, 호랑이 죽는다! 사람이고 뭐고 나는 못 하겠다."

호랑이는 펄쩍펄쩍 뛰어 숲으로 돌아갔답니다.

동굴에는 곰 혼자만 남았어요. 곰은 묵묵히 하루하루를 버텼어요. 쓰디쓴 쑥과 맵디매운 마늘만 먹으면서 말이지요.

그렇게 스무하루가 되던 날, 곰은 마침내 사람이 되었답니다.

털가죽은 온데간데없이 사라지고, 부드러운 살갗과 긴 팔다리에 검은 머리털을 갖게 된 곰은 영락없이 곱디고운 여자였어요. 곰이 여자가 되었다 하여 '웅녀'라 불리게 되었지요.

그런데 사람들과 섞여 살게 된 웅녀의 가슴속에는 욕심 하나가 더 움텄어요. 이왕 여자 몸이 되었으니 다른 여자들이 그러하듯 아기를 낳고 싶었던 거예요.

"사람이고 동물이고 자손을 갖는 것은 자연의 이치인데, 내 짝은 어디에 있을까?"

웅녀는 제짝을 찾아다녔지만, 소용없었어요. 웅녀는 날마다 무거운 발걸음을 떼어 신단수를 찾았답니다.

환웅이 내려온 그 자리. 하늘의 뜻을 사람이 이어받고, 사람의 목소리를 하늘이 듣는 곳! 웅녀는 그 신단수 아래 엎드려 빌고 또 빌었어요.

"하늘이시여, 곰이 사람이 되었다고 하나 이대로 자손을 잇지 못하고 세상에서 사라지면 무슨 의미가 있겠습니까. 부디 제게 맞는 배필을 찾아 주십시오."

웅녀의 간절한 목소리를 들은 이는 다름 아닌 환웅이었어요. 환웅은 날마다 찾아오는 웅녀의 소원을 귀담아듣고는 웅녀 앞에 나타났지요.

"하늘 세상과 인간 세상은 다르지만 네 정성이 갸륵하여 내가 사람의 몸을 빌렸으니, 웅녀는 그리 알라!"

웅녀는 갑자기 나타난 사내를 보고 깜짝 놀랐어요. 게다가 그 사내가 환웅이라니요. 환웅은 놀란 웅녀를 잘 보듬어 혼례를 올렸어요. 하늘에도 땅에도 큰 경사였지요.

환웅의 아내가 된 웅녀는 소원대로 아이를 낳았답니다. 다리가 튼튼하고 울음소리가 큰 사내아이였어요.

"이 아이의 이름을 단군이라 지었소. 앞으로 새 나라를 일으킬 큰 인물이 될 것이오."

환웅의 말에 웅녀는 환하게 웃었어요.

단군은 무럭무럭 자랐어요. 용감하고 슬기로워 따르는 사람들도 많았지요. 단군은 어른이 되자 사람들을 이끌고 더 넓은 땅으로 나아가 나라를 세웠어요. 나라 이름은 '조선'이라 정했지요. 이 나라가 바로 우리 겨레가 세운 첫 나라랍니다.

단군은 나라를 평화롭게 잘 다스렸어요. 사람들은 단군을 단군왕검이라 부르며 높이 떠받들었어요. 단군왕검은 1,500년 동안 조선을 다스리다가 산속으로 들어가 신선이 되었다고 해요.

이 땅에 첫 나라를 세운 단군왕검은 역사에 이름을 남기며 오래오래 우러름을 받았답니다.

신화로 역사 읽기

☝ 정말 고조선이라는 나라가 있었을까?

곰이 여자가 되고, 그 여자가 낳은 아들이 세운 나라라고 하니까 고조선이 진짜 있던 나라인지 의심이 되지? 고조선은 중국의 역사책에 기록되어 있어. "고조선이 제나라와 교역하였다."고 나오거든. 제나라는 중국 땅에 있던 나라야. 기록에서는 고조선의 법도 소개하고 있어. 이 법에 따르면 사람을 죽인 자는 사형에 처하고, 남을 다치게 하면 곡식으로 갚아야 했대. 그리고 물건을 훔치면 종이 되고, 용서를 받으려면 돈을 내야 한다고 되어 있어. 고조선의 법까지 이웃 나라에 알려졌던 걸 보면 영향력이 있던 나라라는 걸 알 수 있겠지?

오래된 조선, 고조선!

단군이 세운 나라는 '조선'이야. 그런데 왜 우리는 '고조선'이라고 할까? 그 까닭은 우리 역사에 조선이란 이름이 여러 번 나타나기 때문이야. 기자라는 사람이 다스린 조선이 있고, 위만이 다스린 조선도 있어. 또 이성계가 세운 나라도 조선이라고 하잖아. 그래서 역사학자들은 여러 조선을 구별하려고 단군이 세운 가장 오래된 조선을 '고조선'이라고 부르는 거야.

단군을 낳은 웅녀는 정말 곰이었을까?

단군 신화에 나오는 곰과 호랑이는 곰을 숭배하는 곰족과 호랑이를 숭배하는 호랑이족을 가리킨다고 해. 환웅이 오기 전부터 그 땅에 살고 있던 부족들이지. 환웅과 웅녀가 혼례를 올렸다는 이야기는 환웅족과 곰족이 손잡고 같이 살게 된 것을 상징적으로 보여 주는 거라고 해.

기원전 37년~668년

고구려

이 거대한 비석은 높이가 6미터도 넘어. 광개토대왕릉비라고 불리는데, 중국 지안현이라는 곳에 세워져 있지. 비석이 세워진 건 414년, 고구려 때야. 비석이 서 있는 자리는 그 당시 고구려의 중심이었던 국내성의 동쪽 언덕이고.

고구려의 스무 번째 왕인 장수왕이 아버지인 광개토대왕의 업적을 기리기 위해 세웠어. 광개토대왕은 수차례 전쟁을 치르면서 영토를 넓히는 데 힘썼지. 그 결과 고구려는 아주 강한 나라가 되었단다.

이 비석에는 광개토대왕의 생애가 기록되어 있어. 더불어 고구려가 어떻게 세워졌는지도 적혀 있지. 부여라는 나라에서 나고 자란 주몽이 고구려를 세웠다고 해. 그럼, 주몽을 낳은 어머니 유화 이야기부터 살펴볼까?

왕이 된 활 쏘는 소년

　아주 먼 옛날 강을 다스리는 신 하백이 살았어요. 하백에게는 딸이 세 명 있었는데 첫째 딸 유화가 무척 고왔어요. 어찌나 고운지, 하늘을 다스리는 천제의 아들 해모수도 연못에서 놀고 있던 유화를 보자마자 한눈에 반했답니다.

　"나는 천제의 아들 해모수라오. 당신처럼 아름다운 여인은 처음 봤소. 부디 내 배필이 되어 주오."

　해모수는 유화를 붙잡고 놓아주지 않았어요. 유화도 해모수에게 마음을 빼앗겨 뿌리치지 못했지요.

　하백은 이 사실을 알고 펄쩍 뛰었어요.

　"항상 몸가짐을 바르게 하라고 일렀거늘, 어찌 낯선 사내와 함께 있었느냐? 감히 우리 가문에 먹칠을 하다니! 나는 너 같은 딸을 둔

적이 없다."

화가 난 하백은 유화를 태백산 우발수 강으로 내쫓아 버렸어요. 해모수는 이미 하늘나라로 되돌아간 뒤였지요.

"아버지는 나를 내쫓고 해모수 님은 나를 찾지 않으니, 이 몸은 어이할꼬."

유화는 서글프게 울고 또 울었어요. 흘린 눈물이 우발수 강으로 흘러들어 갈 정도였지요.

그러던 어느 날, 동부여를 다스리는 금와왕이 우발수를 지나다 유화를 보게 되었어요.

"너는 어찌 이곳에 혼자 있는 게냐?"

"저는 강을 다스리는 하백의 딸입니다. 부모의 허락 없이 해모수와 인연을 맺어 이곳으로 쫓겨났습니다."

"해모수라면 하늘 천제의 아들이 아닌가. 해모수와 인연을 맺었다니 예사로운 일이 아니구나."

금와왕은 유화를 궁궐로 데려갔어요. 유화는 궁궐 안 깊고 깊은 방에서 홀로 지내게 되었어요.

그런데 어느 날부터인가 햇빛이 방 안으로 스며들어 유화를 비추는 게 아니겠어요. 유화가 빛을 피해 몸을 움직여도 소용없었어요. 밝은 빛은 유화 옷자락에 얽어매어 놓은 것처럼 따라다녔지요. 그렇게 빛이 비춘 다음부터 어찌 된 일인지 유화의 배가 점점 불러 왔어요. 그렇게 열 달이 지나자, 유화는 밝은 빛 아래에서 커다란 알을 낳았답니다.

"사람이 어찌 알을 낳는단 말이냐? 아무래도 꺼림칙하구나. 그 알을 당장 내다 버려라!"

금와왕은 알을 개와 돼지한테 주라고 했어요. 깨어 먹을 줄 알았던 거예요. 그런데 개나 돼지나 모두 알을 거들떠보지도 않았어요. 도리어 알이 무서운 것이라도 되는 양 멀찌감치 떨어져 슬금슬금 피해 다녔지요.

이번에는 말과 소가 다니는 길바닥에 내던져 놓았어요. 발에 채어 깨질 줄 알았던 거예요. 하지만 그런 일은 없었어요. 소나 말이나 알이 소중한 것이라도 되는 양 발에 채일까 조심조심 피해 다녔거든요.

"어허, 괴이한 일이구나. 그렇다고 그 알을 그냥 두고 볼 수는 없다. 사람들이 다니지 않는 깊은 산에 내다 버려라.

산속 짐승들이라면 가만두지 않을 테지."

신하들은 금와왕의 말대로 무서운 짐승들이 사는 산속에 알을 갖다 놓았어요. 그랬더니 큰 새들은 날개로 알을 덮어 주고, 큰 짐승들은 조심스럽게 품어 주었어요. 유화의 알은 도리어 반들반들 더 빛이 났답니다.

그 이야기를 들은 금와왕은 알을 제 손으로 직접 깨뜨리려 했어요.

"날을 잘 세운 도끼를 가져오너라! 이 요사스러운 알을 내 손으로 깨 버릴 것이다."

금와왕은 신하가 건네준 도끼를 머리 위로 번쩍 들어 올려 있는 힘껏 알을 내리쳤어요. 그런데 쩡 하는 소리와 함께 도끼날이 쪼개져 튕겨 나갔어요. 알은 흠집 하나 없이 멀쩡했고요. 금와왕은 하는 수 없이 알을 유화에게 돌려주었답니다.

유화는 알을 따뜻하게 품었어요. 여러 날이 지나자 사내아이의 울음소리가 궁궐을 뒤흔들었어요. 놀랍게도 알껍데기를 깨고 사내아이가 태어난 거예요.

"아가, 우리 아가! 울지 말아라. 너는 하늘 천제님의 자손이란다. 건강하게 자라서 큰 뜻을 품으렴."

유화는 아이를 꼭 끌어안았어요.

아이는 유화의 바람대로 무럭무럭 잘 자랐어요. 영특하고 용감해서 고작 일곱 살의 나이에 스스로 활을 만들어 쏘았어요.

아이가 활시위를 힘껏 당겼다가 놓기만 하면 화살은 마음먹은 곳에 정확하게 꽂혔지요. 하늘 높이 나는 새도, 빠르게 내달리는 멧돼지도 아이가 쏜 화살을 피하지는 못했어요. 얼마나 활을 잘 쏘는지 파리까지도 쏘아 맞힐 정도였지요.

사람들은 아이를 '주몽'이라고 불렀어요. '주몽'은 활 솜씨가 뛰어난 사람을 가리키는 말이었지요.

주몽은 금와왕의 아들인 일곱 명의 왕자들과 종종 사냥을 다녔어요. 그때마다 놀라운 활 솜씨를 보여 주었지요. 주몽은 활을 잘 쏠 뿐 아니라 말도 빼어나게 잘 탔어요. 일곱 왕자 중 어느 누구도 주몽을 당하지 못했어요. 왕자들은 주몽의 재주를 몹시 시기했어요.

"주몽 저 녀석이 눈엣가시로구나. 천한 것이 궁궐에서 활개 치고 다니는 걸 두고 볼 수만은 없지."

첫째 왕자인 대소가 작정하고 나섰어요. 대소는 금와왕을 찾아가 말했어요.

"아바마마, 주몽은 알에서 태어난 이상한 놈입니다. 사람의 자식도 아니지 않습니까. 아바마마 곁에 두었다가는 나라에 큰 해를 끼칠지도 모릅니다. 그러니 기회를 보아서 없애 버리겠습니다."

"내 뒤를 이어 왕이 될 태자가 작은 일에 신경 써서야 어찌 큰일을 하겠느냐. 주몽은 내가 알아서 할 테니 너는 태자로서 대범하게 행동하거라."

금와왕은 대소의 청을 받아 주지 않았어요. 대신 주몽을 궁궐 밖 마구간으로 보내 말을 돌보게 했지요.

주몽은 말을 아주 잘 다뤘어요. 길들이지 않은 거친 말도 주몽이 고삐를 잡으면 고분고분 잘 따랐지요. 그런데 주몽의 행동이 이상했어요. 잘 달리는 좋은 말은 먹이를 적게 줘서 야위게 하고, 둔한 말은 먹이를 많이 먹여 피둥피둥 살을 찌웠어요.

얼마 뒤 금와왕이 마구간을 찾아왔어요. 살찐 말은 자기가 갖고, 비쩍 야윈 말은 주몽에게 주었어요. 주몽은 아무 내색하지 않고 야윈 말의 고삐를 잡았어요. 지금은 야위었지만 먹이만 제대로 먹이면 잘 달릴 좋은 말이었지요.

주몽은 말에 올랐어요.

"기다려라. 머지않아 드넓은 들판을 마음껏 달리게 될 테니……."

한편, 대소와 왕자들은 주몽이 마구간에서 일하는 것조차 못마땅하게 여겼어요. 신하들을 보내 주몽을 해칠 기회만 노리고 있었지요. 이를 눈치챈 유화가 주몽을 불렀어요.

"주몽아, 왕자들이 호시탐탐 네 목숨을 노리고 있으니 하루빨리 여기를 빠져나가거라. 너라면 어디 가든 큰 뜻을 이룰 수 있을 것이다."

"어머니를 혼자 두고 갈 수는 없습니다."

주몽은 어머니 유화의 손을 잡고 눈물을 뚝뚝 흘렸어요.

"이 어미는 걱정 말고 어서 가거라. 멀리 가서 네 뜻을 마음껏 펼쳐라."

유화는 주몽의 등을 억지로 떠밀었어요.

주몽은 울면서 떨어지지 않는 발걸음을 떼었어요. 그 길로 주몽은 친구 세 명과 함께 부여를 빠져나왔지요. 뒤늦게 주몽이 도망친 걸 안 대소는 왕자들과 병사들을 이끌고 주몽 뒤를 쫓았어요.

주몽과 친구들은 뒤쫓는 무리들을 따돌리며 빠르게 내달렸어요. 그런데 얼마 못 가 시퍼런 물이 넘실거리는 강에 길이 막혀 버렸어요. 거센 바람까지 불어 깊은 강물은 무엇이든 집어삼킬 듯 요동쳤지요.

"이를 어쩌지? 뒤에는 대소 무리가 쫓아오고, 앞에는 강물이 가로막고 있으니 옴짝달싹 못하게 됐어."

세 친구는 뿌연 먼지를 일으키면서 달려오는 대소 무리와 강물을 번갈아 보며 어쩔 줄 몰라 했어요. 꼼짝없이 대소 무리에게 잡힐 판이었지요.

그때 주몽이 말에서 뛰어내려 강물 앞에 섰어요. 그러고는 큰 소리로 외쳤어요.

"나는 천제의 아들인 해모수의 아들이며, 강물을 다스리는 하백의 손자다! 이 강을 건너야 내가 살 수 있다!"

주몽의 쩌렁쩌렁한 목소리가 강가에 울려 퍼졌어요. 그러자 곧 바람이 잦아들고, 출렁이던 강물이 잔잔해졌어요. 그러더니 느닷없이 강물 위로 물고기와 자라 떼가 서로 엉겨 붙은 채 떠올라 검은 띠를 이루었어요. 마치 다리를 놓은 것 같았지요.

"아니, 세상에 이런 일이 일어나다니 눈으로 보고도 믿겨지지가 않네."

주몽의 친구들은 놀라서 입이 쩍 벌어졌어요.

"하늘이 우리를 돕는 걸세. 서둘러 강을 건너세."

주몽은 말에 올라타 물고기와 자라 떼가 만든 다리를 건넜어요. 친구 셋도 주몽 뒤를 따랐지요. 주몽과 친구들은 무사히 강을 건널 수 있었어요.

주몽 뒤를 바짝 쫓아온 대소는 강물 위에 놓인 다리를 보고 병사들에게 소리쳤어요.

"저기 다리가 놓여 있다. 어서 다리를 건너 주몽을 잡아라!"

대소의 말이 떨어지자마자 병사들은 강물에 놓인 다리로 달려갔어요. 그 순간 물고기와 자라 떼가 거짓말처럼 사라지고, 시퍼런 물만 넘실거렸지요. 허방에 뛰어든 병사들은 허우적대며 떠내려갔답니다. 주몽은 얼이 빠져 있는 대소와 왕자들을 뒤로 하고 유유히 사라졌지요.

부여에서 도망친 주몽은 남쪽으로 내려와 터를 잡았어요. 그러자 곳곳에 흩어져 살던 사람들이 모여들었어요. 주몽은 그들과 함께 집을 짓고 땅을 일구며 높은 성을 쌓았어요.

"이제 우리는 이 땅에 나라를 세우고 새로운 역사를 써 나갈 것이다!"

주몽은 나라 이름을 '고구려'라고 지었어요. 그리고 고구려의 첫 왕이 되어 나라를 잘 다스렸답니다.

활 잘 쏘는 소년 주몽이 세운 고구려는 아주 큰 나라가 되었어요. 고구려 사람들은 주몽이 죽은 뒤에도 주몽을 '동명성왕'이라 부르며 칭송했어요. 동명성왕은 '동쪽의 밝은 빛처럼 성스러운 왕'이라는 뜻이에요. 고구려 사람들은 동명성왕의 빛이 영원히 나라를 비춰 줄 것이라고 믿었던 거예요.

✌ 주몽은 왜 알에서 태어났을까?

주몽뿐만 아니라 신라를 세운 혁거세도 알에서 태어났어. 가야의 수로왕도 마찬가지고. 그런데 왜 하필 알에서 태어났을까? 고대 사람들은 하늘을 신성하게 여겼어. 그래서 하늘에 떠 있는 태양을 숭배했지. 왕은 하늘 신의 자손이라고 생각했으니까 태양을 닮은 동그란 알에서 태어났다고 한 거야. 하늘 신을 숭배하는 사람들이 자신들의 지도자를 하늘 신의 자손이라고 퍼뜨리면서 더욱 우러름을 받도록 한 거지.

✌ 주몽이 나라를 세운 곳은 어디일까?

주몽이 고구려의 터를 잡은 곳은 만주 벌판에 있던 졸본이라는 곳이었어. 고구려 사람들은 적의 침략을 막기 위해 높은 성을 쌓았어. 이게 바로 오녀산성이야. 그래서 고구려는 나라 이름부터 '높은 성'이라는 뜻을 갖고 있지. 지금은 중국 랴오닝성에 속해 있는데, 유네스코 세계문화유산에 등재되었지. 여기에서 고구려 유물 2천 점이 나왔다고 해.

✌ 고구려의 생활 모습이 담긴 무덤

고구려는 성 둘레 곳곳에 공동묘지를 만들어 놓았어. 고구려 사람들에게 무덤은 죽은 사람이 사는 집이면서 하늘 세계로 가는 통로였거든. 무덤 벽에는 죽은 사람이 생전에 어떻게 살았는지 생생하게 그려 놓았고, 무덤 천장에는 신선들이 사는 아름다운 하늘 세계를 그려 놓았어. 죽은 사람이 하늘 세계에서 영원히 살기를 바라는 마음을 담았지. 벽화가 있는 고구려의 무덤은 현재 약 100기(무덤을 세는 단위) 정도 발견되었어.

고구려 벽화 말을 타고 활을 쏘면서 사냥하는 모습이 담긴 고구려 벽화.

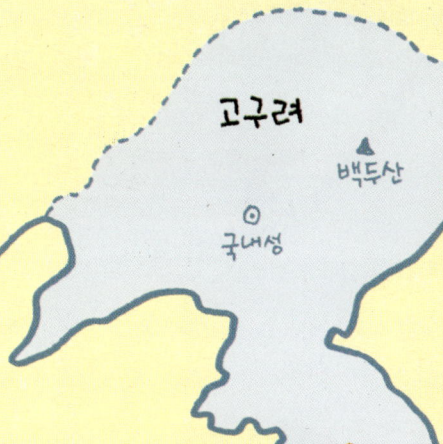

고구려 땅 진짜 넓다. 지금도 이 정도 크기라면 좋을 텐데. 쩝!

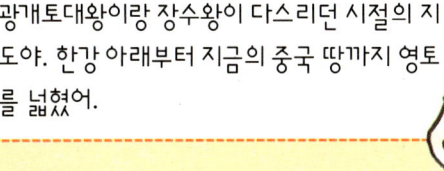

광개토대왕이랑 장수왕이 다스리던 시절의 지도야. 한강 아래부터 지금의 중국 땅까지 영토를 넓혔어.

나 땅따먹기 잘하는 거 알지? 역시 광개토대왕의 후손이었나?

 웃겨! 고구려에 너 같은 겁쟁이는 없었을걸. 고구려 사람들이 얼마나 용맹했는데! 살수 대첩으로 유명한 을지문덕 장군만 봐도 알잖아.

근데 그렇게 강한 고구려가 왜 신라한테 졌을까?

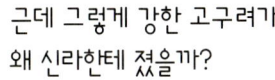 신라가 당나라와 손을 잡고 위아래에서 공격을 했거든. 그래서 결국 기원전 37년부터 668년까지, 무려 7백여 년의 고구려 역사가 막을 내리지.

살수 대첩
을지문덕 장군이 살수에서 수나라 군대를 크게 물리쳤어.

 아깝다. 내 지옥 방귀로 고구려를 구할 수도 있었을 텐데.

백제

기원전 18년~660년

여기는 한강이야. 우리 땅에 사람들이 살기 시작했던 아주 먼 옛날부터 한강은 인기가 좋았어. 사람들은 물을 쉽게 얻을 수 있는 한강 둘레에 모여 살았지.

한강 유역에 처음 들어선 나라는 백제야. 기름진 평야가 드넓게 펼쳐져 있어서 백성이 풍요롭게 살 수 있었어. 또 바다로 쉽게 나갈 수 있어서 다른 나라와 물품을 교환하기도 쉬웠지.

백제를 세운 사람은 북쪽에서 내려온 온조야. 온조는 고구려를 세운 주몽의 아들이지. 주몽의 아들이 왜 남쪽으로 내려와 따로 나라를 세웠을까? 이 이야기는 주몽이 부여에서 쫓겨날 때로 거슬러 올라가.

새 땅을 찾아 떠난
두 형제

주몽이 사람들을 이끌어 고구려를 세웠을 때, 부여에서는 유리라는 소년이 자라고 있었어요.

유리는 어릴 적부터 새총을 아주 잘 쏘았어요. 그런데 하루는 참새를 맞히려다가 그만 물 긷는 아낙의 물동이를 맞혔지 뭐예요. 아낙은 얼굴을 붉히면서 화를 냈어요.

"아니, 이게 뭐하는 짓이야? 아비 없이 자라 배운 게 없어 툭하면 말썽을 부리는구나."

아낙은 유리를 심하게 나무랐어요. 유리는 부끄러워 고개를 들지 못했어요. 아버지가 없어 그런다는 말이 가슴에 사무쳤지요.

'그래, 나는 아버지가 없구나. 하늘을 나는 새도, 숲을 뛰어다니는 짐승도 모두 아버지가 있거늘 왜 나는 태어날 때부터 없었을까?

내 아버지는 누구일까?'

유리는 곧장 집으로 달려가 어머니 예씨 부인에게 물었지요.

"어머니, 저를 세상에 내놓은 분은 누구입니까? 아버지는 어디 계시기에 제가 태어나 이렇게 자랄 때까지 얼굴 한번 볼 수 없는 겁니까?"

"네 아버지의 이름은 주몽이란다. 큰 뜻을 이루기 위해 부여를 떠나 남쪽으로 가셨지. 가기 전에 아들이 태어나면 일곱 모가 난 돌의 위, 소나무 아래에 숨긴 물건을 찾으라고 하셨단다."

예씨 부인 말을 들은 유리는 곧장 온 산을 헤집고 다니면서 아버지가 숨겨 놓은 물건을 찾았어요. 그렇지만 어디에도 일곱 모가 난 돌 위의 소나무는 없었어요.

집으로 돌아온 유리는 마루에 걸터앉아 한숨을 내쉬었어요. 그런데 그때 주춧돌 사이에서 무슨 소리가 나는 거예요. 무심코 그곳을 들여다보던 유리는 제 무릎을 딱 쳤지요.

"여기로구나! 일곱 모가 난 돌의 위, 소나무 아래는 바로 주춧돌 (기둥 밑에 기초로 받쳐 놓은 돌) 위의 나무 기둥을 말하는 거였어."

유리는 일곱 모가 난 주춧돌이 아버지가 말한 곳이라는 걸 깨달았어요. 그리고 기둥이 썩어 비어 있는 곳에서 칼 조각을 찾아냈지요.

백제 • 새 땅을 찾아 떠난 두 형제

아버지 주몽이 남겨 둔 물건이었어요. 유리는 그 칼 조각을 들고 부여를 떠나 아버지가 있다는 졸본으로 갔어요.

유리는 그곳에서 고구려를 세우고 왕위에 오른 주몽을 만났어요. 하지만 이미 주몽에게는 왕비와 두 아들이 있었어요.

왕비 소서노는 졸본에서 큰 세력을 떨치던 집안의 딸이었어요. 우태라는 사람과 결혼하여 비류와 온조 두 아들을 두었답니다. 그런데 우태가 일찍 죽는 바람에 두 아들을 혼자 키우며 살았어요. 그러던 중 부여에서 온 주몽이 새 나라를 세우려 하자 힘껏 도왔지요. 주몽은 왕이 된 뒤 자신을 도운 소서노와 혼례를 올렸어요. 주몽은 소서노를 아주 귀하게 여겼을 뿐만 아니라 소서노의 두 아들을 친아들처럼 돌보았답니다.

주몽의 보살핌을 받으면서 행복하게 자란 비류와 온조는 자신들이 고구려의 왕이 될 거라고 생각했어요. 그런데 난데없이 주몽의 맏아들 유리가 나타나면서 둘은 뒷전으로 밀려났지요.

"형님, 유리가 맏아들이니 당연히 태자 자리에 오르겠지요? 아바마마가 돌아가시면 저희는 끈 떨어진 연 신세가 될 테니 걱정입니다."

온조가 한숨을 내쉬며 말했어요. 비류도 동생의 마음과 다르지 않았지요.

"고구려를 세우는 데 우리 어머니가 큰 힘이 되었건만, 아무도 알아주지 않는구나. 도리어 유리가 왕이 되면 우리는 눈엣가시일 수 있으니 큰일이다."

비류와 온조는 앞날이 걱정되었지만, 뾰족한 수가 없었어요.

얼마 뒤 주몽이 세상을 떠나자 맏아들인 유리가 왕위에 올랐어요. 비류는 더는 고구려에 머물러 있을 수 없다고 생각해 온조를 불렀어요.

"아우야, 우리는 부여의 왕 해부루의 자손이다. 우리가 어찌 피를 나누지 않은 고구려 왕에게 의지해 살겠느냐? 새 땅을 찾아 우리 뜻을 펼치는 게 어떠하냐?"

"저도 형님과 같은 생각을 한 지 오래입니다. 당장 어머니를 모시고 이 땅을 떠납시다."

마음이 맞은 둘은 서둘러 길 떠날 채비를 했어요. 여러 신하와 많은 백성이 둘을 따라 나섰지요.

비류와 온조 무리는 고구려를 떠나 남쪽으로 내려갔어요. 한참 만에 닿은 곳은 한산 땅이었어요. 비류와 온조는 한산 땅의 높은 산봉우리인 부아악에 올라 나라를 세워 살 만한 곳이 어디인가 굽어보았어요.

몇몇 신하는 한강 남쪽 땅을 유심히 보고는 비류와 온조에게 아뢰었지요.

"새 나라 도읍지로는 한강 남쪽 땅이 좋습니다. 이곳은 북쪽으로는 큰 강이 흐르고 동쪽으로는 높은 산이 있으며, 서쪽으로는 바다가 있어 적이 함부로 넘볼 수 없을 것입니다. 더욱이 땅이 기름져 곡식이 잘 자라고 물이 넉넉하여 사람들이 살기에 이만한 곳이 없습니다."

신하들의 말에 온조는 옳은 말이라며 고개를 끄덕였지요.

"형님, 신하들의 말이 틀리지 않습니다. 이곳이야말로 우리의 큰 뜻을 펼칠 만하지 않겠습니까. 우리 형제가 힘을 합쳐 고구려 못지않은 나라를 세운다면 어머니가 얼마나 기뻐하시겠습니까."

온조는 신하들의 뜻을 따르고 싶어 했지만, 비류는 생각이 달랐어요.

"하늘에 태양이 둘이 아니듯이 한 나라에 왕이 둘일 수 있겠느냐? 우리가 서로 다른 곳에 나라를 세워 형제 나라로 돕고 산다면 더 좋지 않겠느냐? 나는 바다에서 가까운 곳에 도읍을 정하련다. 다른 나라와 왕래를 하며 필요한 물품을 구하려면 바다를 끼고 있어야 한다."

비류는 서쪽으로 더 나아가 바닷가에 나라를 세우겠다고 고집했어요. 온조는 형님의 뜻을 꺾을 수 없었지요. 하는 수 없이 비류와 온조는 서로 자신들을 따르는 백성을 이끌고 갈라졌답니다.

온조는 신하들이 말한 한강 남쪽 땅 하남 위례성에 자리를 잡고 나라 이름을 '십제'라 하였어요. 그리고 비류는 바다를 끼고 있는 미추홀에 도읍을 정하고 나라의 기틀을 다지려 했지요.

하지만 비류가 정착한 미추홀은 바닷바람이 거세게 몰아치는 데다 짠물이 육지까지 스며들어 사람이 살기가 어려웠어요.

"아이고, 우리가 어리석어도 한참 어리석었네. 먹을 물조차 구하기 어려운 곳에 나라를 세우겠다는 왕을 따라왔으니 말이야."

"누가 아니래. 죽도록 땅을 일궈 씨앗을 뿌리면 뭐하나. 소금기 있는 거친 바람 때문에 싹도 못 틔우고 말라비틀어져 버리는걸. 이러다 굶어 죽게 생겼어. 큰 나라를 세우겠다고 큰소리 떵떵 치던 왕은 도대체 뭘 하고 있는 거야?"

미추홀은 굶고 지친 백성의 울음소리와 왕을 탓하는 소리가 그치질 않았어요. 비류는 백성의 원성에 가슴이 아팠어요.

'나를 믿고 따른 백성이 모두 굶어 죽게 생겼으니 큰일이구나. 아우 나라는 형편이 어떨까?'

비류는 온조를 만나러 길을 떠났어요.

온조가 하남 땅에 세운 나라는 무척 평화로웠어요. 들판에는 누렇게 익은 벼 이삭이 파도치듯 넘실거리고, 곳곳에서 백성의 웃음

소리가 넘쳐났어요.

'온조가 나라를 잘 다스리는구나. 우리 백성은 거친 땅에서 고생만 하는데……. 모두 내 탓이다. 내가 어리석어 우리 백성을 궁지에 몰아넣었구나.'

비류는 눈물을 흘리면서 몹시 안타까워했어요. 마음의 병을 얻은 비류는 시름시름 앓다가 세상을 떠났어요. 하루아침에 왕을 잃은 비류의 백성은 온조가 세운 나라로 갔답니다. 온조는 기꺼이 형님의 백성을 받아들였어요.

"우리는 모두 부여의 후손이다. 지금은 비록

작은 나라지만 함께 힘을 합친다면 어느 나라도 감히 넘볼 수 없는 큰 나라가 될 것이다!"

온조는 나라 이름을 '백제'라 하고, 부여에서 갈라져 나온 나라라 하여 '부여'를 왕실의 성씨로 삼았어요.

백제는 고구려, 신라와 팽팽하게 맞서면서 7백여 년 동안 번성하였답니다.

신화로 역사 읽기

☝ 비류와 온조의 어머니 소서노는 어떤 사람이었을까?

역사책에는 소서노가 '졸본 부여'란 부족의 공주였다고 적혀 있어. 졸본 부여의 족장은 부여에서 쫓겨 온 주몽이 예사로운 인물이 아니라고 여겼어. 그래서 자신의 딸과 혼인시켜 사위로 맞았지. 여기에서는 비류와 온조가 주몽과 소서노 사이에서 낳은 자식이라고 해.

하지만 다른 설화에는 소서노가 졸본 부여에 사는 연타발의 딸로 우태라는 사람과 혼인을 했다고 적혀 있어. 우태가 죽은 뒤 소서노는 주몽과 혼례를 올리고 고구려를 세우는 데 큰 힘이 되었다고 하지. 비류와 온조는 우태의 아들이라고 되어 있고.

어떤 설화가 맞는지 알 수는 없지만 소서노가 주몽의 왕비였다는 것은 확실해. 소서노는 주몽이 고구려를 세우는 데 힘을 보탰고, 또 자신의 아들 온조가 백제를 세우는 것도 도왔지. 두 나라 백성의 어머니였던 소서노는 61세에 백제 땅에서 숨을 거두었단다.

✌ 백제의 왕족은 왜 '부여'라는 성을 쓰게 되었을까?

온조는 백제를 세우면서 자신들이 부여의 후손이라는 걸 강조했어. 고구려에서 밀려난 왕족이 아니라는 걸 만천하에 알리고 싶었던 거야. 그래서 왕족의 성도 '부여'라고 했지. 성씨를 쓸 수 있는 건 왕족과 귀족뿐이었어. 백제뿐만 아니라 고구려, 신라도 평민들은 성씨를 갖지 못했어. 성씨 없이 달랑 이름으로만 불렸지.

✌ 비류가 나라를 세운 미추홀은 어디일까?

미추홀은 지금의 인천 지역이라고 해. 미추홀이라는 말을 풀이하면 '물가에 있는 고을'이야. 역사책에서는 미추홀이 땅이 습하고, 물이 짜다고 적혀 있어서 이곳이 바닷가에 있는 고을이라는 것을 짐작하게 해 줘.

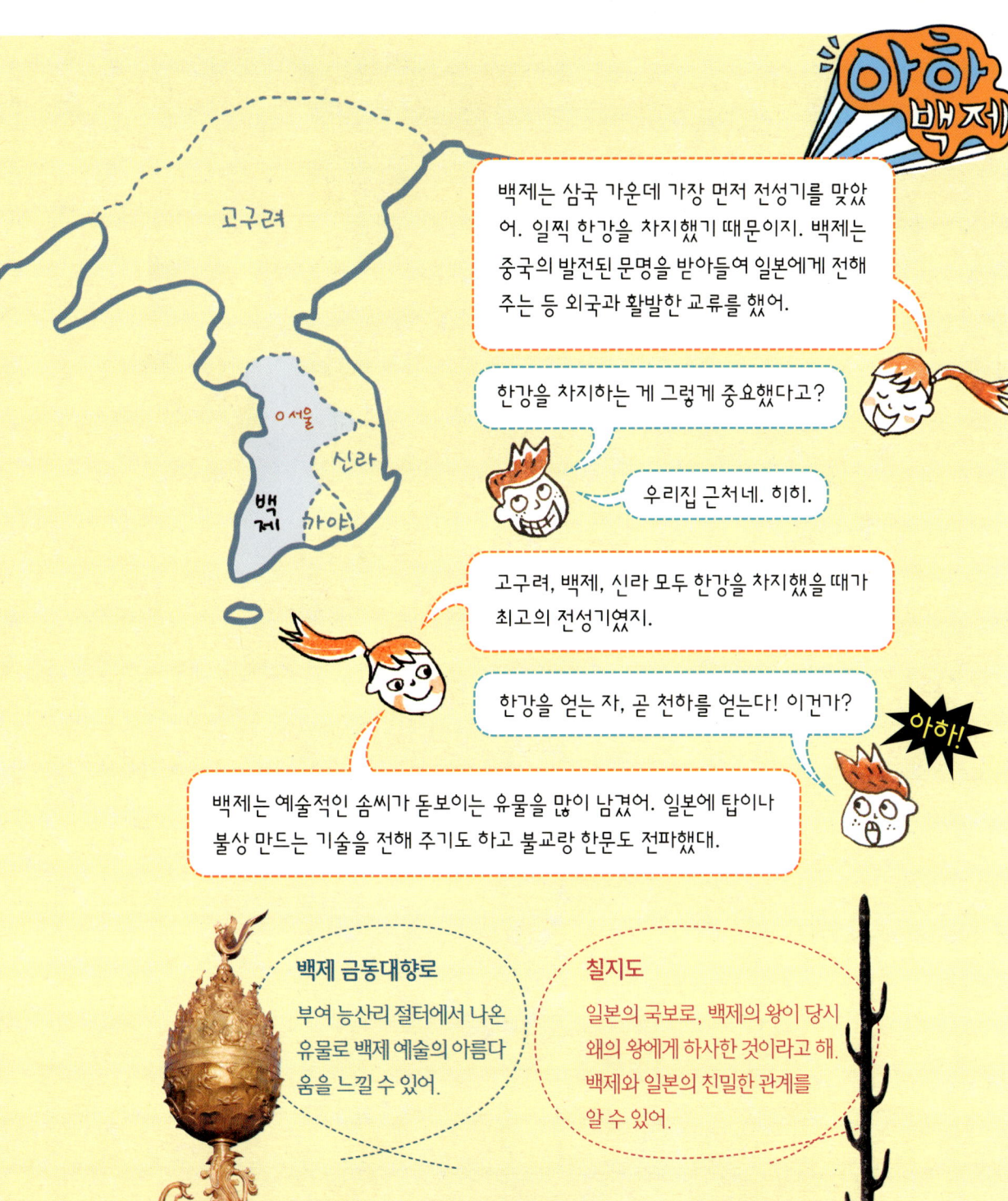

기원전 57년~935년

신라

경주에는 왕의 무덤이 많아. 천 년 동안이나 신라의 도읍지였던 만큼 엄청난 문화유산이 숨 쉬고 있는 곳이지.

경주에는 사람이 사는 집만큼 부처를 모신 절도 많았다고 해. 어느 기록에는 경주 곳곳에 웅장한 절이 별처럼 흩어져 있다고 적혀 있어.

신라 사람들은 자신들의 나라를 '부처의 나라'라고 믿었어. 지금도 경주에 남아 있는 불국사는 신라 사람들이 생각하는 '부처의 나라' 모습을 그대로 옮겨 놓은 곳이래.

신라의 모든 것이 모여 있는 경주. 신라를 일으켜 세운 첫 왕도 이 경주에서 태어났어.

알을 깨고 나온 왕

옛날 경주 땅에 여섯 마을이 있었어요. 마을마다 촌장이 있어 사람들을 이끌었지요. 어느 날, 여섯 촌장이 알천 언덕에 모여 머리를 맞대고 궁리했어요.

"이제는 여섯 마을을 하나로 묶어 나라를 세워야 합니다."

"아무렴요. 사람들이 점점 늘어나고 마을이 커지니, 이들을 잘 다스릴 수 있는 나라가 있어야 합니다."

"그런데 나라를 세우려면 어진 왕이 있어야 하지 않겠습니까? 우리 중에 누가 왕으로 나서야 하지 않을까요?"

여섯 촌장은 왕을 뽑아 나라를 세우고 싶었지만, 촌장 중에 왕을 하겠다고 나서는 사람은 없었어요. 여섯 촌장은 약속이라도 한 듯 모두 한목소리로 말하였지요.

"예로부터 왕은 하늘이 낸다 하였습니다."

여섯 촌장은 하늘을 올려다보았어요. 정말 하늘에서 왕을 내려 주기를 바라는 간절한 마음이었지요.

그때였어요. 남쪽 양산 아래 나정이라는 우물가에 이상한 빛이 어렸어요. 마치 깜깜한 밤하늘에 번쩍이는 번개처럼 환한 빛이었지요. 우물을 비추고 있는 그 빛은 사람이 만들어 낸 것이 아니었어요.

"도대체 저 빛이 뭘까요?"

"빛 아래 있는 것을 보십시오. 저것은 말이 아닙니까?"

여섯 촌장은 환한 빛 아래 흰 말이 앞다리를 구부리고 머리를 깊숙이 숙이는 것을 똑똑히 보았어요. 마치 말이 앞에 있는 무언가를 향해 절을 올리는 것 같았지요.

"귀한 흰 말입니다. 저 말은 땅에서 볼 수 있는 것이 아닙니다."

"그러게요. 예삿일이 아닙니다. 어서 가 봅시다."

여섯 촌장은 부리나케 환한 빛이 비추는 나정으로 달려갔어요. 흰 말은 사람들이 가까이 오는 걸 보고는 천천히 일어서서 우람한 네 다리로 우뚝 섰어요. 그러고는 목을 길게 빼고 힘차게 울었지요. 그 울음소리가 천지를 흔드는 순간, 말은 펄쩍 뛰어오르는가 싶더니 하늘로 날아갔어요. 촌장들은 멍하니 먼 하늘로 사라지는 흰 말을 바

라보았어요. 도무지 믿을 수 없는 광경이었지요.

촌장들은 정신을 차리고 흰 말이 절을 올리듯 몸을 굽혔던 자리를 보았어요. 그곳에는 커다란 자줏빛 알이 놓여 있었어요.

"이런 알은 처음 봅니다. 새의 알일까요?"

"이렇게 큰 알을 낳는 새는 본 적도 들은 적도 없습니다."

"하늘이 내리신 걸 겁니다. 말이 이 알을 가져온 것일 테고요."

촌장들은 알을 들여다보면서 수군댔어요. 자줏빛 알은 크기도 했지만, 웬만해서는 깨지지 않을 것처럼 단단해 보였지요.

그때 알이 조금씩 갈라지는가 싶더니 툭 깨졌어요. 알 속에는 어린 사내아이가 들어 있었지요. 촌장들은 깜짝 놀라 입을 다물지 못했어요. 사내아이는 눈을 떼지 못할 정도로 반듯하게 잘생겼어요.

"세상에, 어떻게 이런 일이……."

"알에서 나오다니 보통 아이가 아닙니다. 저 모습 좀 보십시오. 금보다 옥보다 귀해 보이지 않습니까?"

촌장들은 조심조심 아이를 안아 들고 동천으로 갔어요. 그러고는 푸른 하늘처럼 맑은 동천 물에 아이를 씻겼어요. 그러자 아이 몸에서 밝은 빛이 뿜어져 나왔어요. 그 빛은 햇빛처럼 환하게 둘레를 밝혔지요.

"아니, 이게 무슨 일이랍니까. 저기 하늘을 보십시오!"

한 촌장이 손가락으로 머리 위를 가리켰어요. 하늘에 수많은 새가 모여들어 마치 춤을 추듯 날아다녔어요. 그뿐이 아니었어요. 숲에서 네발 달린 짐승들이 모두 동천 강가로 내려와 펄쩍펄쩍 뛰어다녔어요. 마치 한바탕 잔치가 벌어진 듯 동천이 떠들썩했지요.

"이 아이는 하늘이 보내셨습니다. 보십시오. 말 못하는 새와 짐승들도 다 알고 이 아이를 반기지 않습니까?"

"맞습니다. 왕을 바라던 우리의 간절한 마음을 하늘이 들어주신 겁니다."

여섯 촌장은 알에서 나온 아이를 하늘 위로 번쩍 들어 올렸어요. 그러고는 큰 소리로 외쳤답니다.

"이 분이 우리 왕이시다. 하늘이 내려 주신 우리 왕이시다!"

여섯 촌장은 아이를 혁거세라 이름 지었어요. 혁거세는 '세상을 밝게 다스린다'는 뜻이랍니다.

촌장들은 이제 왕의 배필을 걱정했어요. 왕이 하늘에서 내려왔으니 배필도 귀한 사람이어야 한다고 생각했지요.

그런데 바로 이날, 혁거세가 태어난 나정에서 멀지 않은 사량리에서도 신기한 일이 벌어졌어요. 사량리 한복판에 있는 알영 우물

에 계룡이 나타난 거예요. 계룡은 닭의 얼굴을 한 용으로 신성한 동물이었지요. 알영 우물에서 솟아오른 계룡은 왼쪽 갈비에서 여자아이를 낳았어요.

여자아이는 무척 예뻤답니다. 그렇지만 기이하게도 입이 닭의 부리처럼 생겼지 뭐예요. 사람들은 여자아이를 월성 북쪽에 있는 냇물에 목욕시켰어요. 그랬더니 부리가 빠지면서 사람의 입 모양이 되었지요.

"계룡이 낳은 아이 또한 하늘이 내리셨습니다. 혁거세왕의 배필을 하늘에서 점지해 주신 것이지요."

"아무렴요. 혁거세왕에 딱 어울리는 배필입니다."

여섯 촌장은 남산 서쪽 기슭에 궁을 짓고 그곳에 왕과 왕비가 될 두 아이를 모셨어요. 혁거세는 박 모양의 둥근 알에서 나왔다 하여 박씨 성을 붙였고, 여자아이는 계룡이 나타난 우물 이름을 따서 알영이라고 불렀지요.

두 아이가 열세 살이 되던 해, 혁거세가 왕위에 오르고 알영을 왕후로 맞이했어요. 그리고 나라 이름을 서라벌이라고 했어요. 서라

벌은 '새로운 벌판'이라는 뜻으로 새 세상이 열렸음을 알리는 것이었지요. 나라 이름이 신라로 바뀌는 건 조금 더 훗날의 일이에요.

혁거세왕은 61년 동안 나라를 다스리다 하늘로 올라갔어요. 왕이 하늘로 올라간 뒤 왕후 알영도 숨을 거두었지요. 그런데 이레 뒤에 혁거세왕의 죽은 몸이 땅으로 떨어져 곳곳에 흩어졌어요. 사람들은 주검을 모아 장사를 지내려 했어요. 그러자 아주 커다란 뱀이 나타나 훼방 놓았어요. 사람들은 이 일을 무척 괴이하게 여겼지요.

"뱀은 하늘의 뜻을 전하는 것입니다. 아무래도 혁거세왕의 무덤은 하늘에서 떨어진 그대로 흩어져 세워야 할 것 같습니다."

"옳습니다. 하늘에서 내신 분이니 하늘의 뜻을 따라야지요."

사람들은 궁리 끝에 혁거세의 몸이 흩어진 다섯 곳에서 장례를 치렀어요. 그리고 무덤도 다섯 기를 만들었답니다.

혁거세왕이 경주에 밝힌 빛은 천 년 동안이나 꺼지지 않았어요.

신화로 역사 읽기

☝ 혁거세와 알영은 왜 우물가에서 태어났을까?

혁거세는 나정이라는 우물가에 있는 커다란 알에서 태어났어. 알영은 알영정이라는 우물가에서 계룡이 낳았지. 이 둘은 왜 우물가에서 태어났을까?

우물은 마르지 않고 끊임없이 샘솟는 생명을 뜻하는데, 신성한 동물인 용이 알을 낳는 곳으로 여겨졌어. 그래서 우리 풍습 중에 우물

나정 우물 경상북도 경주에 있는 신라 시조 혁거세의 탄생 신화가 깃든 우물터.

에서 용의 알을 뜬다는 '알 뜨기'가 있어. 알 뜨기는 정월 보름(음력 1월 15일) 이른 아침에 가장 먼저 우물물을 긷는 걸 말해. 옛날 사람들은 정월 보름에 용이 우물에 내려와 알을 낳는다고 생각했거든. 그래서 그다음 날 가장 먼저 우물물을 긷게 되면 보이지 않는 용의 알을 뜬다고 믿었지. 용알을 떠다가 밥을 지어 먹으면 그해 농사가 잘된다고 여겼어.

✌ 신라에는 왜 여러 왕의 신화가 있을까?

신라 역사에는 혁거세 말고도 다른 왕의 신화가 있어. 하나는 탈해 신화이고, 다른 하나는 알지 신화야.

탈해는 다른 나라에서 배를 타고 신라 땅으로 들어온 사람이야. 머나먼 나라의 왕자였는데, 혁거세와 마찬가지로 알에서 태어났어. 나라에서 쫓겨나 배를 타고 떠돌다가 신라로 흘러 들어와 살게 되었지. 탈해는 지혜롭고 슬기로워 제힘으로 신라의 왕이 되었어. 알지는 탈해가 왕으로 있을 때 황금으로 된 상자에서 나온 아이야. 탈해왕은 지혜로운 알지를 태자 자리에 앉혔지. 하지만 알지는 왕위에 오르지 않았고 나중에 그의 자손이 왕이 되었어. 혁거세왕은 박씨였고, 탈해왕은 석씨, 알지는 김씨였으니 신라 왕의 성씨가 여러 차례 바뀌면서 신화도 여러 개가 전해져 내려오는 거야.

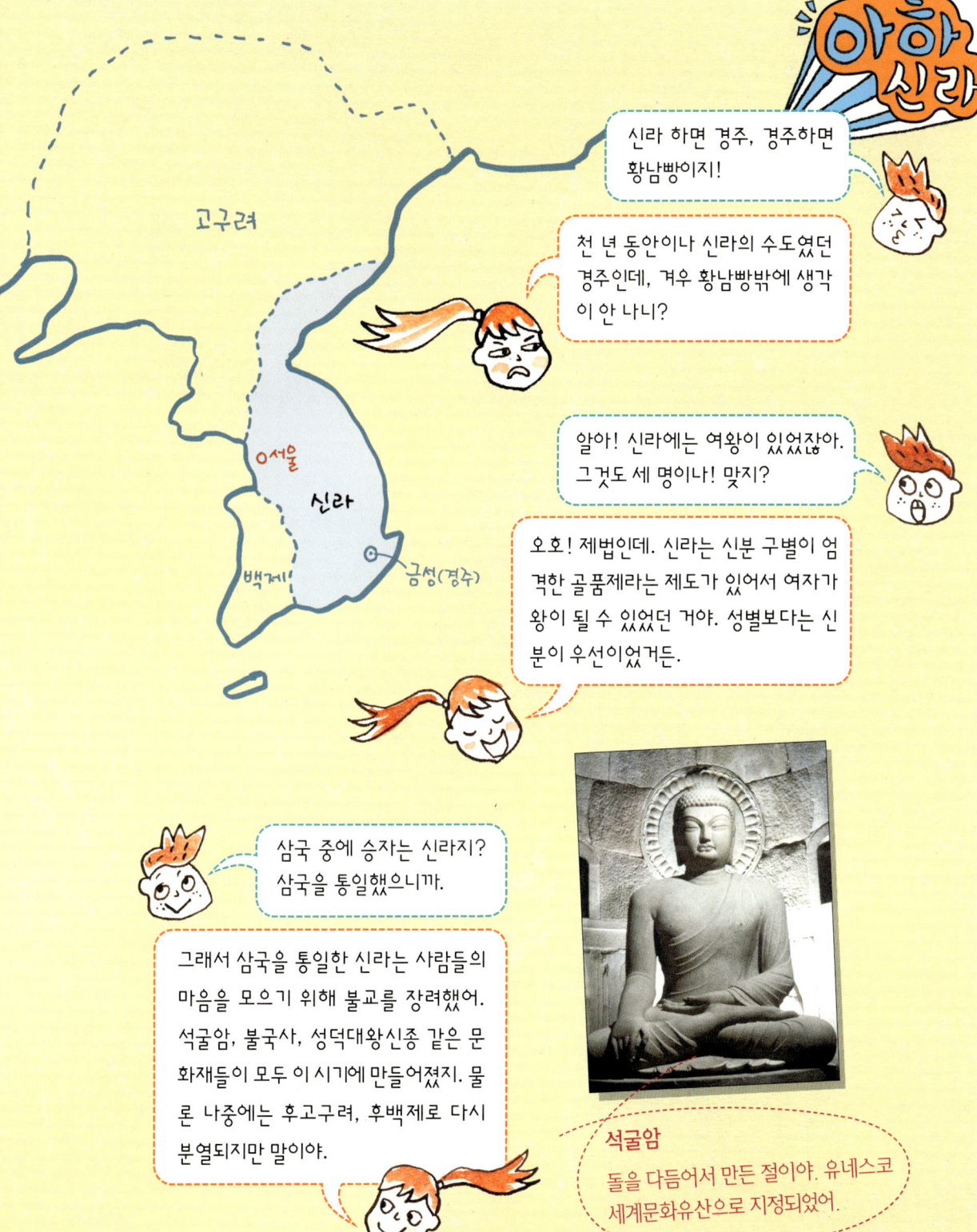

기원 전후~562년

가야

옛날에 철갑옷을 입은 장수들은 싸움터에서 창이나 화살을 겁내지 않았을 거야. 가죽이나 나무로 만든 갑옷에 견준다면 철갑옷은 천하무적이었지.

이 갑옷을 만든 나라는 가야인데, 삼국이 세워질 무렵 낙동강 유역에 생긴 나라야. 주변 산에 철광석이 많아서 철을 여러 나라에 수출하기도 했지. 가야 사람들은 철광석을 녹여서 쇠를 뽑아내고, 쇳덩이로 물건 만드는 일을 아주 잘 해냈어. 그래서 가야는 작지만 탄탄한 나라로 성장할 수 있었지.

훗날, 신라에 흡수되어 역사에서 사라졌지만 결코 만만하게 볼 나라가 아니었어. '철의 왕국'으로 불렸던 가야가 어떻게 시작되었는지 들어 볼까?

구지봉에 울려 퍼진
신비한 목소리

하늘이 열리고 땅에 사람들이 살게 되면서부터 낙동강 하류에는 나라도, 왕도 없었답니다. 저절로 생긴 아홉 마을을 다스리는 사람은 추장들이었지요. 이곳에서는 추장들을 '간'이라 불렀어요. 칼 솜씨가 뛰어난 아도간, 여도간, 피도간, 오도간이 있고, 하늘의 기운을 잘 살펴 하늘의 뜻을 전하는 유천간, 신천간, 오천간이 있었어요. 또 물을 잘 다스리는 유수간과 잡귀들을 다스리는 신귀간도 있었지요. 이 아홉 명의 간을 구간이라고 한답니다. 구간들은 마을을 평화롭게 이끌었어요.

아홉 마을의 사람들은 땅을 일궈 농사를 지으며 살았어요. 이곳 사람들은 3월에 하루 날을 정해서 깨끗이 목욕을 하고 잔치를 벌였어요. 이날을 '계욕일'이라고 했지요. 어느 해 계욕일이었어요. 마을 사람들이 모두 모여 목욕하고 떠들썩하게 잔치를 벌이려는데, 북쪽에 우뚝 솟아 있는 구지봉에서 목소리가 들려왔어요.

"이곳에 사람이 있는가, 없는가?"

구간들은 구지봉 쪽으로 몸을 돌려 큰 소리로 대답하였지요.

"이곳에 사람들이 있습니다."

"이곳이 구지봉이더냐?"

큰 목소리가 땅에 울려 퍼졌어요. 구간은 다시 구지봉이 맞다고 대답하였지요. 그러자 목소리가 또 들려왔어요.

"하늘이 내게 이르기를 구지봉에 내려가 나라를 세우고 왕이 되라 하셨다. 하늘의 뜻을 받아 그곳에 가려 하니 봉우리 위 흙을 파면서 이렇게 노래하거라."

목소리는 온 천지에 울려 퍼졌어요. 사람들은 어떤 노래인지 들으려고 가만히 그 목소리에 귀를 기울였지요.

거북아 거북아
머리를 내밀어라.
내밀지 않으면
구워 먹을 테다.

구간들은 사람들을 데리고 구지봉 높은 봉우리에 올랐어요. 그리고 시킨 대로 땅을 파면서 흥겹게 노래를 부르며 춤을 췄어요. 그러자 하늘에서 자줏빛 줄이 길게 늘어져 내려왔어요. 사람들은 깜짝 놀라 하늘을 올려다보았지요. 자줏빛 줄에는 붉은 보자기로 싼 금궤가 매여 있었어요.

"저것이 무엇일까요?"

구간 중 한 사람이 먼저 입을 열었어요.

"글쎄요. 하늘에서 왕을 보낸다 하였으니 예사로운 금궤는 아니겠지요."

"금궤에 무엇이 들어 있는지 열어 봅시다."

구간들은 금궤가 땅에 닿자 조심스럽게 받아 안았어요. 그러고는 보자기를 풀고 금궤를 열어 보았지요. 놀랍게도 금궤에는 커다란 황금 알 여섯 개가 놓여 있었어요.

"황금 알이네요. 알은 새로운 생명을 뜻하는 것 아닙니까?"

"그럼 알에서 우리 왕이 나오신다는 건가요?"

"아무렴요. 하늘이 정한 것이니, 우리는 하늘의 뜻을 받들어야 합니다."

구간들은 금궤를 높은 곳에 모셔 놓고 절을 올렸어요. 다른 사람들도 모두 구간들을 따라 금궤에 절을 하였지요. 구지봉에서는 한바탕 잔치가 벌어졌어요. 사람들은 좋아서 덩실덩실 춤을 추며 노래를 불렀답니다.

금궤는 아도간의 집에 모셔 놓았어요. 꼬박 하루가 지나고 구간

들은 아도간의 집으로 모여들었어요. 구간들은 떨리는 마음으로 금궤를 다시 열어 보았지요. 황금 알이 어찌 되었나 보려는 것이었어요. 그런데 이게 웬일일까요? 금궤 안에 있던 여섯 개의 황금 알은 온데간데없이 사라지고 사내아이 여섯이 반듯하게 앉아 있는 거예요. 여섯 아이의 얼굴은 번쩍번쩍 빛이 날 만큼 잘생겼지요. 구간들은 여섯 아이를 보자마자 누가 먼저랄 것도 없이 땅바닥에 넙죽 엎드렸어요.

"우리의 왕이시여, 구간들의 절을 받으십시오!"

구간들은 여섯 아이에게 몇 번이고 절을 올렸어요. 그리고 온 정성을 다해 먹이고 입히며 떠받들었지요. 아이들은 하루하루가 다르게 부쩍부쩍 자라더니 열흘이 되자 키가 아주 큰 어른이 되었답니다.

그달 보름에 여섯 가운데 맏이를 왕에 올렸어요. 이름은 수로라고 지었어요. 그리고 나라 이름을 가야국(또는 가락국)이라고 했어요. 나머지 다섯 아이도 다섯 가야의 임금이 되었답니다.

가야국의 수로왕은 초라하기 이를 데 없는 초가집에 살면서 백성을 돌보았어요. 직접 농사짓는 일을 챙겼고, 사람들이 서로 다투지 않도록 가르쳤어요. 백성들은 어진 수로왕을 잘 따랐지요. 나라는

근심 걱정 없이 평화로웠어요.

"전하, 이제 나라가 점점 커지니 나라의 도읍을 정하고 궁궐을 지어야 하지 않겠습니까?"

구간들이 한목소리로 아뢰자, 수로왕은 직접 나라 안을 돌아보며 궁궐 지을 땅을 찾았어요. 여기저기 살펴본 수로왕이 궁궐터로 하겠다고 가리킨 곳은 골짜기에 있는 작은 땅이었어요.

"전하, 평평하고 너른 땅을 놔두고 어찌 이리 궁색한 땅을 고르십니까?"

아도간의 말에 수로왕은 웃으면서 대답했어요.

"이곳을 보아라. 사방이 산으로 둘러싸여 있으니 적으로부터 피하기 좋고, 땅의 기운이 좋아 귀한 인물이 많이 나올 것이다. 궁궐이란 큰 것이 중요한 게 아니라, 백성을 편히 돌볼 수 있는 곳이어야 한다."

수로왕은 궁궐을 크게 짓지 말라고 했어요. 그리고 백성이 농사를 짓지 않는 때에 맞춰서 천천히 짓도록 했지요. 궁궐이 다 지어지자 수로왕은 좋은 날을 받아 들어간 뒤, 온 힘을 기울여 나라를 돌보았어요.

그러던 어느 날, 궁궐에 난데없이 한 사내가 찾아왔어요. 배를 타고 머나먼 나라에서 왔다는 사내는 수로왕만큼이나 몸집이 컸어요. 사내는 거칠 것 없다는 듯이 팔을 휘저으며 궁궐로 들어와 왕을 찾았어요. 사내의 태도는 무례하기 짝이 없었어요.

사내는 수로왕 앞에 나서서 큰 소리로 으스대며 말했어요.

"나는 바다 너머에 있는 나라의 왕자요. 내 어머니가 커다란 알을 낳으셨는데, 그 알을 깨고 나온 것이 바로 나요. 그래서 아버지는 나를 탈해라고 하였다오. 한 나라의 왕이신 아버지는 내가 더 큰 나라에 가서 큰 뜻을 이루기를 바라셨소."

"탈해 왕자, 그런데 여기는 어찌 왔는가?"

수로왕은 탈해를 내려다보며 물었어요. 탈해는 조금도 망설이지 않고 대답했어요.

"나는 왕의 자리를 빼앗으려고 왔소이다."

탈해는 목을 빳빳이 세우고 수로왕을 노려보았어요. 구간들이 기막혀 하며 당장 탈해를 끌어내려 했지만, 수로왕은 가만히 고개를 저었어요.

"그냥 두어라. 내가 알아서 하겠노라. 탈해 왕자는 들어라. 나는 하늘의 명을 받고, 하늘의 뜻에 따라 나라를 평안하게 다스려 왔다. 그런데 하늘의 뜻을 어기고 어찌 네게 왕의 자리를 내놓겠는가?"

"내가 여기에 온 것도 하늘의 뜻이오!"

"하늘의 뜻이 아니라 너의 뜻이겠지. 네가 아무리 고집을 부려도 왕의 자리는 그렇게 함부로 내줄 수 있는 것이 아니다. 이 땅은 나의 집이요, 백성은 내 자식이니라. 어찌 부모가 자식을 함부로 다른 이에게 맡기겠느냐. 네 뜻은 다른 곳에 가서 펼쳐라."

수로왕이 너그럽게 일렀지만, 탈해는 코웃음을 칠 뿐이었어요.

"우리 둘 다 하늘에서 보낸 자들이라고 하니, 재주를 겨뤄 봅시다. 재주가 뛰어난 자가 왕이 된다면 백성이 반대할 리 없지 않겠소."

탈해는 자신만만한 얼굴이었어요. 수로왕은 탈해의 제안을 선뜻 받아들였어요.

"그래, 어디 네 재주를 한번 보자꾸나."

수로왕의 말이 떨어지기가 무섭게 탈해는 커다란 매로 변하여 하늘 높이 날아올랐어요. 매는 궁궐 위를 맴돌다가 무서운 기세로 수로왕에게 달려들었지요. 그러자 수로왕은 순식간에 날카로운 부리를 가진 독수리로 변했어요. 독수리가 날개를 퍼덕거리자 큰바람이 일었지요.

탈해는 다시 참새로 변하여 재빠르게 처마 끝으로 날아가 앉았어요. 수로왕도 독수리에서 새매로 변신했어요. 새매는 매서운 눈빛으로 참새를 쏘아보았어요. 참새는 꼼짝없이 새매에게 당할 판이었지요. 그렇지만 새매는 참새를 바라만 볼 뿐 꼼짝하지 않았어요.

 곧 탈해는 사람으로 돌아와 새매 앞에 무릎을 꿇었어요. 탈해가 고개를 들자 어느새 새매도 수로왕으로 돌아와 왕의 자리에 앉아 있었어요.

 "제가 졌습니다. 전하께서는 독수리가 되어 매를 이길 수 있었고, 새매가 되어 참새를 잡아챌 수도 있었습니다. 하지만 어진 전하께서는 제 무례를 너그럽게 받아 주셨습니다. 전하야말로 진정 이 나라의 왕이십니다. 부디 어리석은 저를 용서하십시오."

 탈해는 크게 절을 올리고는 궁궐을 떠났어요. 그러고는 곧장 나루터로 나가 타고 온 배에 올랐지요. 수로왕은 탈해를 태운 배가 나루를 떠나는 것을 보고는 조용히 신하를 불렀어요.

 "탈해라는 자가 욕심을 버리지 않는다면 여섯 가야에 큰 해가 될 것이다. 우리 군사들을 보내 탈해가 다시는 이 땅을 넘보지 못하도록 하라."

 수로왕의 명령에 따라 신하들은 재빨리 배 5백 척에 무장한 군사들을 태워 탈해가 탄 배를 쫓도록 했어요. 배 5백 척은 돛을 올리고 힘차게 바다를 가르며 나아갔지요.

"수로왕이 다시는 이 나라를 넘보지 말라고 엄포를 놓는군. 여봐라, 어서 더 빨리 노를 저어라."

탈해는 수로왕이 보낸 배의 무서운 기세에 혀를 내둘렀어요. 부리나케 가야 앞바다를 빠져나갔지요. 가야에서 도망쳐 신라로 간 탈해는 훗날 신라의 네 번째 왕이 되었답니다.

한편, 수로왕은 왕위에 오른 지 일곱 해가 되던 해 아유타 나라(지금의 인도라고 여겨짐)에서 온 공주 허황옥을 왕후로 맞이했어요. 둘은 하늘이 정해 준 배필이라 여기며 평생 사이좋게 살았어요. 둘 사이에는 아들이 열이나 되었답니다.

수로왕은 나라를 평안하게 다스리다 158세에 세상을 떠났어요. 온 백성은 어진 왕의 죽음을 제 아비의 죽음처럼 슬퍼했지요. 백성들은 궁궐이 보이는 자리에 관을 보관하는 궁을 지어 장사를 지냈어요. 그리고 그곳을 수로왕릉이라고 했답니다. 해마다 이곳에서 제사를 지내며 수로왕의 업적을 기렸어요.

신화로 역사 읽기

✋ 수로왕은 왜 금궤에서 나왔을까?

가야 건국 신화에는 수로왕이 금으로 된 궤에서 나왔다고 전해져. 역사 학자들은 이 이야기를 통해 수로왕이 북쪽에서 내려온, 철을 잘 다루는 부족이었을 거라고 추측하지. 금궤가 뛰어난 제철 기술을 상징한다고 본 거야. 그러니까 가야 땅에 살던 사람들은 자기네 땅에 흘러들어 온 철기 부족을 받아들인 거지. 그뿐 아니라 그 부족의 우두머리를 기꺼이 자기네 왕으로 모시고, 수로왕 신화까지 지어 냈다고 해석할 수 있어.

✌ 가야는 '철의 나라'?

일본의 역사책에는 가야가 '쇠나라'라고 적혀 있대. 철이 많이 나오는 나라였기 때문이지. 가야는 철광석이 풍부하고, 철광석을 녹여 쇳덩어리를 만드는 기술이 아주 뛰어났어. 또 쇠를 달구고 두드려 무기나 도구를 만드는 대장장이들도 많았지. 가야에서 만들어진 쇳덩이는 왜나라(지금의 일본)를 비롯한 여러 나라에 팔려 나갔어. 가야가 있던 김해 땅은 지금은 평야지만 옛날에는 바닷가였다고 해. 그래서 쇠를 사러 오는 배들이 김해 앞바다로 드나들었지.

👌 수로왕의 왕비 허황옥은 어느 나라 사람일까?

역사책에는 허황옥이 아유타 나라의 공주라고 적혀 있어. 아유타는 인도 땅에 세워졌던 '아요디야'라는 나라가 아닐까 짐작하고 있지. 이 나라 상징물로는 쌍둥이 물고기 그림이 있는데, 공교롭게도 수로왕 무덤 앞에 있는 나무 문에 이 물고기가 그려져 있어.

아하 가야

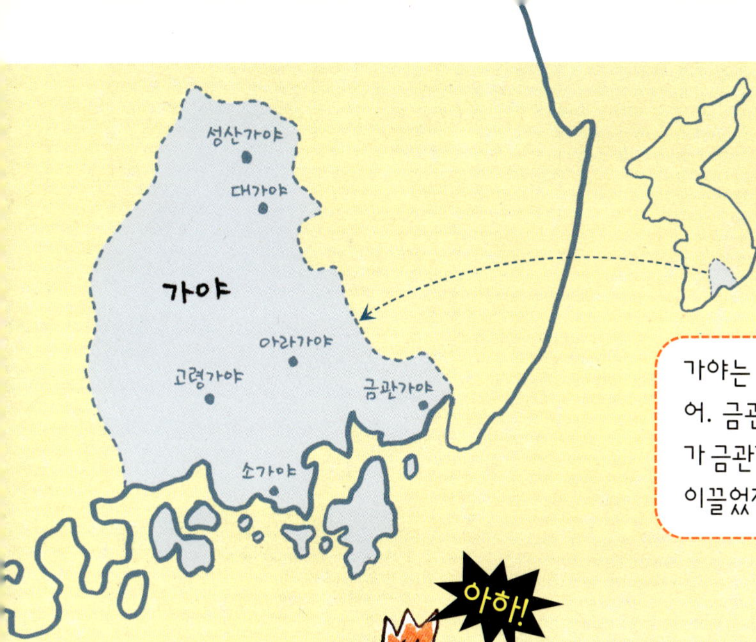

어떤 게 진짜 가야야?

가야는 작은 나라들이 모인 연맹 국가였어. 금관가야가 여러 국가들을 이끌다가 금관가야가 멸망한 뒤에는 대가야가 이끌었지.

아하!

가야금이랑은 무슨 관계? 헤헤. 미안. 아무 관계없겠지.

관계 있어. 가야금은 가야에서 만들었대. 하지만 가야에서 가장 유명한 건 철이었지. 가야는 철의 왕국이라고 불렸으니까. 많은 나라들이 철을 구하려고 가야와 교역을 했어. 물론 호시탐탐 가야를 노리는 나라도 많았어.

말머리 가리개
가야 무덤에서 나왔어. 가야에는 용맹한 기마 부대가 있었다고 해.

가야 뿔잔
가야 유적지에서 나온 뿔잔이야. 북방 유목 민족이 쓰던 것과 같아서 두 민족이 관련이 있다고 여겨져.

결국 가야는 신라로 합쳐지게 돼. 가야는 삼국이 생길 때쯤 세워졌다고 전해지니까, 5백 년 이상 나라가 유지된 셈이지.

698년~926년

발해

동모산은 중국 둔화시에 있는 산이야. 지금의 동모산 봉우리에는 키 작은 나무랑 잡초가 무성하지만, 아주 오래전에는 높은 성벽이 있었다고 해. 그 성벽을 세운 건 발해였지. 발해는 우리 역사에서 가장 넓은 땅을 차지한 나라야. 지금도 중국과 러시아의 여러 도시에서 발해의 유적이 발견되고 있어.

발해는 나라를 잃은 고구려 사람들이 중심이 되어 세운 나라야. 고구려가 멸망한 뒤 많은 고구려 사람들은 당나라로 끌려갔어. 당나라 땅에 살면서도 고구려가 다시 일어나길 간절히 바랐지. 그 가운데 한 사람이 바로 대조영이었어. 고구려 장수였던 대조영은 동모산에서 새 나라 발해를 세우고 첫 번째 왕이 되었어. 대조영이 어떻게 발해를 세우게 되었는지 들어 볼까?

고구려의 후손,
새 나라를 세우다

668년, 고구려는 나당 연합군(신라와 중국 당나라의 연합군)과의 전쟁에 져서 멸망하고 말았어요.

당나라는 고구려를 멸망시킨 뒤 고구려 사람들을 강제로 당나라 땅에 가서 살도록 했어요. 고구려 사람들이 한데 모여 살지 못하도록 한 거지요.

몇 날 며칠 고구려 땅을 떠나는 사람들의 긴 행렬이 이어졌어요. 행렬을 이끄는 당나라 병사들은 거칠고 모질었어요. 고구려 사람들은 아무런 저항도 못하고 죄인처럼 끌려가야 했어요. 늙고 병든 사람들은 얼마 가지 못하고 길에 쓰러져 죽어 갔지요.

고구려 사람들은 멀어지는 고향 땅을 뒤돌아보면서 서럽게 울었어요. 그 울음소리는 벌판에 메아리처럼 울려 퍼졌어요. 가족들을 이끌고 길을 나선 걸걸중상도 북받치는 설움을 꾹꾹 눌러야 했어요. 걸걸중상은 내내 눈물을 닦아 내는 아내를 가만히 타일렀어요.

"울지 마시오. 내가 누구요? 고구려의 장수였소. 고구려 장수의 가족이 어찌 적의 땅에서 눈물을 보인단 말이오. 지금은 우리가 이렇게 쫓기듯 떠나지만 머지않아 다시 고구려를 일으켜 세울 것이오."

걸걸중상은 고개를 숙이고 묵묵히 걷는 아들을 바라봤어요. 자신과 함께 당나라에 맞서 싸웠던 아들이 기죽어 있는 모습을 보니 가슴이 아팠어요.

"조영아! 어깨를 펴고 당당히 걸어라. 너는 대제국을 세우고 세상을 호령했던 고구려의 후손이다. 비록 나라를 잃었지만, 그렇다고 해서 고구려 장수의 기백까지 잃어서는 안 된다. 명심해라. 너는 고구려의 후손이다!"

아버지의 말에 아들 대조영은 가슴을 펴고 당나라의 하늘을 올려다봤어요. 고구려와 다를 것이 없는 맑고 푸른 하늘이었지요. 대조영은 혼잣말처럼 중얼거렸어요.

"아버지, 저도 압니다. 고구려 사람들이 이대로 당하지만은 않을 겁니다."

대조영의 예상은 틀리지 않았어요. 고구려 사람들은 당의 지배에 끊임없이 저항했어요. 670년에 황해도 재령에 모인 고구려 백성들은 신라 군대와 힘을 합쳐 당나라 군대와 큰 싸움을 벌였지요.

고구려 사람들이 여기저기서 들고일어나자 당나라는 꾀를 냈어요. 바로 당나라의 수도인 장안에 끌려가 있던 고구려의 마지막 왕인 보장왕을 앞세워 고구려 사람들을 구슬리려는 거였지요.

당나라는 보장왕을 고구려 사람들이 많이 사는 요동으로 불러와 그 지역을 다스리게 했어요.

보장왕은 이 기회를 놓치지 않았어요. 고구려 사람들과 고구려와 사이좋게 지냈던 말갈족들을 끌어모아 고구려를 다시 세울 준비를 했어요. 하지만 이를 눈치챈 당나라는 당장 군사를 보내 보장왕의 뜻을 꺾었답니다.

당나라 영주 땅에 살고 있던 걸걸중상과 대조영은 고구려 사람들의 활약상을 전해 듣고 있었지요.

"아버님, 고구려 부흥 운동을 펼치던 보장왕이 다시 장안에 갇혔다고 합니다. 고구려 사람들이 믿고 따르던 왕이 그리 되셨으니 앞으로 어찌 될까요?"

"고구려 사람들이 당나라에서 온갖 수모를 당하고 있지 않느냐? 그들의 분노가 다시 고구려를 일으켜 세울 것이다. 언젠가 때가 올 것이니 뜻이 있다면 참고 기다려야 한다."

걸걸중상의 말대로 나라 잃은 고구려 사람들의 고생은 이만저만이 아니었지요. 당나라는 걸걸중상과 같은 고구려 귀족들에게는 벼슬을 내주거나 땅을 줘서 딴마음을 먹지 못하도록 했어요. 그렇지만 평민들은 천한 신분으로 비참하게 살아야 했어요. 대조영은 당나라 사람의 노비가 된 고구려 사람을 볼 때마다 화가 치밀어 올랐어요. 그렇지만 함부로 나설 수는 없었지요.

"섣부르게 싸우려 하면 사마귀가 수레 앞에 버티고 선 꼴이 된다. 장수라면 싸워야 할 때를 알아야 한다."

대조영은 스스로를 다독이면서 당나라와 맞설 때를 기다렸어요.

696년, 고구려가 멸망한 지 28년쯤 지났을 때였어요. 조용히 기다리며 칼을 갈던 대조영에게 마침내 기회가 왔어요. 대조영이 사는 영주 땅에서 고구려 백성들처럼 억압당하던 거란족이 반란을 일으킨 거예요. 영주 땅을 다스리던 조홰는 거란족을 몹시 괴롭혔거든요. 거란족의 추장 이진충은 참다못해 제 무리를 이끌고 가서 조홰를 죽였어요. 그러자 당나라에서 군사를 보냈답니다. 순식간에 영주 땅은 싸움터가 되었지요.

이를 지켜보던 걸걸중상은 아들을 불러 은밀하게 말했어요.

"아들아, 지금이다! 당나라 군사들이 거란족과 싸우는 틈에 고구려 사람들을 모아 영주에서 벗어나야 한다. 그리고 적당한 곳을 골라 그곳에서 힘을 키워 당나라와 맞서야 한다."

"아버지, 고구려의 훌륭한 장수셨던 아버지께서 고구려의 깃발을 높이 드신다면 수많은 이들이 따를 것입니다."

"아니다. 나는 앞장서기에는 너무 늙었다. 조영아, 네가 나서라. 고구려의 장수답게 힘찬 기백으로 고구려를 다시 세워라."

걸걸중상은 아들의 두 손을 꼭 잡았어요. 대조영은 아버지의 주름진 얼굴을 보면서 고개를 끄덕였어요.

"네, 아버지. 제가 해 보겠습니다. 중국 땅까지 호령했던 고구려 땅을 되찾겠습니다."

대조영은 요동 지역의 고구려 사람들을 끌어모았어요. 그리고 말갈족의 추장 걸사비우를 찾아갔지요.

"고구려와 말갈은 오랫동안 형제의 나라였습니다. 말갈 사람들이 고구려에 들어와 한 백성이 되고 벼슬을 얻은 것은 천하가 다 아는 사실입니다. 지금은 고구려가 무너지고, 말갈 사람들 또한 당나라에서 수모를 겪고 있지 않습니까? 언제까지 이렇게 당하고 살아야 합니까? 당나라가 거란족들과 싸우는 이 틈을 노려 여기를 빠져나갑시다. 그 뒤에 우리 세력을 키울 만한 곳을 찾는 게 어떻겠습니까?"

"우리도 당나라의 그늘에서 벗어날 기회만 노리던 참이네. 고구려 사람들과 같이한다면 우리로서도 큰 힘이 될 걸세."

걸사비우는 대조영의 제안을 흔쾌히 받아들였어요. 그러고는 당장 말갈족을 끌어모았어요.

며칠 뒤 요동 한 벌판에 고구려 사람들과 말갈족들이 새까맣게 모여들었어요. 고구려의 상징인 검은 삼족오(태양에 산다고 알려진 발 세 개 가진 까마귀)가 그려진 깃발이 하늘을 뒤덮었지요. 대조영이 커다란 바위 위에 올라섰어요.

"우리가 지금 이곳에 모인 것은 고구려의 영광을 되찾기 위해서이다. 우리는 반드시 고구려의 정기를 이어받은 새 나라를 세울 것이다. 지금 우리가 떼는 발걸음은 새 나라를 세우는 큰 걸음이 될 것이다!"

대조영의 우렁찬 목소리가 벌판에 울려 퍼지자, 사람들의 함성이 땅을 뒤흔들었어요. 사람들은 바람에 펄럭이는 깃발을 높이 쳐들고 소리쳤어요.

"고구려! 고구려! 고구려가 되살아난다!"

대조영과 걸사비우가 이끄는 무리가 힘차게 걸어 나갔어요. 이 무리는 요동을 가로질러 송화 평야를 지나 송화강을 넘었지요. 그리고는 백두산 동북쪽 땅을 차지하고 성을 쌓았어요.

"곧 당나라 군사들이 쫓아올 것이다. 서둘러 성벽을 쌓아야 한다!"

대조영은 사람들을 지휘하여 당나라 군사들을 막아 낼 채비를 했어요.

얼마 지나지 않아 당나라 병사들이 들이닥쳤어요. 뿌연 흙먼지를 일으키며 몰려온 군사들은 그 수가 얼마 되지 않았어요. 그들은 당나라를 다스리는 측천무후(중국의 역사상 유일하게 황제가 된 여인)의 서신을 가져왔어요.

"걸걸중상과 걸사비우는 들어라! 그대들은 내가 일찍이 벼슬을 내렸으니, 당나라의 신하들이다. 너희가 영주 땅을 떠난 것은 거란족의 반란으로 피해를 볼까 봐 두려워한 탓이란 걸 내가 안다. 나는 너희가 내 백성을 위해 애쓴 것을 갸륵하게 여겨 더 높은 벼슬을 내리고자 한다."

당나라 병사가 측천무후의 친서를 읽고 나서 큰 소리로 외쳤어요.

"걸걸중상과 걸사비우는 지금 나와 무릎을 꿇고 측천무후의 명을 받으시오!"

그렇지만 걸걸중상과 걸사비우 둘 다 앞으로 나서지 않았어요. 병들어 누워 있었던 걸걸중상은 병사에게 말했지요.

"우리는 그 명을 따르지 않을 것이오. 여기에 있는 고구려 사람들과 말갈 사람들은 당나라의 백성이 아니니, 우리가 당나라의 벼슬을 받을 수는 없지 않겠소. 측천무후에게 우리의 뜻을 전해 주시오."

그 말은 선전 포고였어요. 당나라와 맞서 싸우겠다는 뜻이었지요. 걸걸중상은 아들을 불렀어요.

"측천무후의 명을 따르지 않았으니 우리를 가만두지 않을 것이다. 이제 싸움이 벌어질 텐데, 나는 늙고 병들어 도움이 못 되는구나. 아들아, 당나라 군사들의 공격에 단단히 대비하거라."

걸걸중상은 아들과 고구려 사람들의 앞날을 걱정했어요. 그리고 얼마 뒤 걸걸중상은 세상을 떠났어요.

걸걸중상의 말대로 화가 난 측천무후는 장수 이해고와 군사들을 보냈어요. 이해고의 군사들은 무서운 기세로 몰려왔어요. 대조영과 걸사비우는 군사들을 이끌고 나가 힘껏 싸웠지만, 당나라 군사들의 수를 당해 낼 수 없었어요. 결국, 걸사비우는 이해고의 손에 잡혀 처

참한 최후를 맞이했답니다.

"우리 힘으로는 저들을 당할 수가 없다. 후퇴하여 다른 수를 찾아보자!"

대조영은 군사들을 이끌고 싸움터에서 빠져나와 큰 강을 건넜어요. 이해고는 도망치는 대조영의 군사들을 뒤쫓기 시작했어요. 대조영은 천문령을 넘으면서 군사들을 산속 곳곳에 숨도록 했어요.

"당나라 군사들이 곧 천문령까지 쫓아

올 것이다. 그들이 산을 넘을 때 우리는 기습 공격을 해야 한다. 공격 명령이 떨어질 때까지 기다려라."

　대조영은 산봉우리에 올라 적의 움직임을 살폈어요. 이해고는 군사를 이끌고 천문령을 넘기 시작했지요. 오랫동안 길을 달려온 군사들은 지친 기색이 역력했어요. 대조영은 적들이 산 깊숙이 들어오자 병사에게 깃발을 높이 들도록 했어요. 깃발이 오르자 요란한 함성을 지르면서 당나라군들을 공격했어요.

갑작스러운 공격에 놀란 당나라군은 우왕좌왕하다가 칼과 화살에 맞아 하나둘 쓰러졌지요. 대조영은 긴 칼을 휘두르면서 적들에게 달려들었어요. 기나긴 싸움이었어요. 해는 떨어지고, 산은 금방 어두워졌지요.

수만 명의 당나라군을 이끌었던 장수 이해고는 어둠을 타서 혼자 산을 빠져나갔어요. 그를 따랐던 병사들은 천문령 곳곳에서 싸늘한 주검이 되어 나뒹굴었지요. 겨우 목숨을 건진 이해고는 혼자서 돌아가야 했어요.

살아남은 당나라 병사들도 장수가 없어진 것을 알고 창과 칼을 집어던지고 허겁지겁 도망쳤어요. 곧 천문령에는 승리를 알리는 북소리가 울려 퍼졌지요. 힘든 싸움을 한 고구려 사람들과 말갈족은 펄쩍펄쩍 뛰면서 좋아했어요.

"우리가 이겼다! 우리가 이겼다!"

대조영은 기쁨에 찬 함성을 들으면서 혼자 중얼거렸어요.

"이것은 시작일 뿐이다. 우리는 고구려를 다시 세워 당나라보다 더 강한 나라를 만들 것이다!"

대조영은 무리를 이끌고 천문령을 지나 동모산으로 갔어요. 동모산은 끝이 보이지 않는 넓은 들판에 우뚝 솟아 있어서 어디서든 적이 쳐들어오면 단박에 알아챌 수 있었지요. 더욱이 산등성이가 넓고 평평해서 성벽을 짓기에도 좋았답니다.

"고구려는 오랫동안 산 위에 성을 짓고 적의 침략에 대비했다. 우리도 이곳에 성벽을 두르고 산 아래쪽에 사람들이 살도록 할 것이다."

대조영은 자신을 바라보는 고구려 사람들과 말갈 사람들 앞에서 칼을 번쩍 들어 올렸어요. 그것은 바로 새 나라의 시작을 알리는 신호였어요.

대조영은 '진'이라는 나라를 세우고 왕에 올랐어요. 당나라 곳곳에 흩어져 있던 고구려 사람들과 말갈 사람들이 진으로 모여들었어요. 진은 점점 세력을 넓혀 나갔지요. 당나라도 진의 당찬 기세를 더는 막지 못했어요. 결국, 당나라는 진을 인정할 수밖에 없었어요. 대조영은 나라 이름을 발해로 바꾸었어요.

발해는 아래로는 한반도의 북쪽까지 뻗어 나가 신라와 이웃하고, 위로는 만주와 연해주까지 차지하면서 옛 고구려 땅을 대부분 되찾았답니다.

신화로 역사 읽기

☝ 발해는 정말 고구려의 후예일까?

일본 옛 문서에는 "발해에는 말갈족이 많고 고구려 사람이 적지만, 고구려 사람들이 모두 이들을 지배한다."고 적혀 있어. 발해를 세운 사람들은 고구려 백성이었던 사람들과 말갈족이었어. 발해의 백성이 어떻게 구성되었는지 정확히 알 수 없지만, 지배층은 고구려의 왕족이었던 고씨가 47.5퍼센트나 되었다고 해. 발해 사람들은 고구려 때 사람들처럼 자신들의 지도자를 '천손'이라 칭했어. 또 고구려 전통 불교를 그대로 믿었고, 집에는 고구려식 온돌을 놓았지. 여러 기록에도 발해가 고구려의 후예임을 명확히 밝히고 있어.

✌ 말갈족은 누구?

말갈족은 만주 북동부와 한반도 북쪽에 걸쳐 살았던 종족이야. 발해가 세워진 뒤로는 거의 대부분의 말갈족이 발해에 흡수되었지. 발해가 멸망한 뒤 말갈은 여진이라고 불렸어.

🖐 나라 이름을 왜 발해라고 했을까?

본래 발해의 이름은 '진'이었어. 발해를 세운 대조영은 중국 나라들처럼 나라 이름을 한 글자로 정했지. 당나라는 대조영이 자신들처럼 한 글자로 나라 이름을 지은 게 못마땅했어. 그래서 나중에 발해와 외교 관계를 맺게 되자, 당나라 황제는 대조영을 엉뚱하게 '발해군왕'이라고 불렀어. 발해는 발해만(발해와 중국 사이의 바다)에서 따온 거야. 대조영은 당나라와 불편한 관계로 지내고 싶지 않아서 그 호칭을 받아들여 나라 이름을 '발해'라고 바꾸었지.

나라 이름에서 발 냄새가 날 것 같아. 헤헤.

저 땅 크기를 보고도 그런 말이 나와? 발해는 고구려보다도 더 큰 영토를 차지했던 나라야.

지금 우리나라도 아닌데 뭐.

그게 아쉽다는 거지. 발해는 '해동성국'이라고 불릴 정도로 강력한 나라였거든. '동쪽에 있는 크게 번성한 나라'라는 뜻이야.

근데 발해 백성 가운데 말갈족도 많았다며? 그런데도 우리 역사라고 해도 돼?

발해를 세운 사람도 고구려 사람이고, 발해가 고구려를 계승한 나라라고 본다면 우리 역사가 맞지. 그래서 역사를 구분할 때 신라와 발해가 있던 시기를 남북국시대라고도 해.

발해 수도 '상경 용천부' 궁궐 그림
자료를 보고 그림으로 그려 낸 발해의 궁궐 모습이야. 당시 당나라의 장안성에 이어 동아시아에서는 두 번째로 큰 성이었어.

918년~1392년

고려

이 석탑은 북한 개성 현화사에 있는 7층 석탑이야. 고려 시대에 세워졌지. 고려는 불교 국가여서 곳곳에 석탑을 세워 한반도를 통일하겠다는 염원을 담았어. 실제로 고려는 신라에 이어 한반도를 하나로 묶은 통일 국가가 되었지.

고려는 중국 땅에 있는 나라들과 당당하게 맞섰던 고구려의 기백을 이어받고자 했어. 그래서 나라 이름도 고려라고 지었어. 고구려를 고려라고도 불렀거든.

고려는 고구려, 백제, 신라의 문화를 하나로 아우르면서 더욱 풍성한 문화를 꽃피웠어. 세계 곳곳에서 상인들이 몰려들어 벽란도라는 무역항도 크게 발달했단다.

다양하고 풍성한 문화를 꽃피웠던 고려의 흔적을 따라가 볼까?

용왕의 후손, 삼국을 통일하다

송악(북한 개성)에 보육이라는 사람이 살았어요. 보육에게는 딸이 둘 있었어요. 두 딸 중 둘째 진의가 무척 예쁘고 슬기로웠지요.

하루는 언니가 진의에게 꿈 얘기를 들려줬어요.

"내가 산에 올라 오줌을 눴는데, 온 천하가 오줌에 잠겨 바다처럼 출렁이지 뭐니? 꿈이 하도 해괴해서 자고 일어나서도 생생하게 기억나는구나."

"언니, 그 꿈 제게 파세요. 꿈 값으로 비단 치마를 줄게요."

진의가 예쁜 비단 치마를 내밀자 언니는 얼씨구나 하면서 받았답니다.

언니의 꿈을 산 진의는 얼마 뒤 길을 가던 당나라 태자(임금의 자리를 이을 왕자)를 만나 사랑에 빠졌어요. 당나라 태자는 한 달 동안이나 집에 머물며 진의와 함께 지냈어요. 진의가 아이를 갖자, 태자는 아들이 태어나면 전해 주라면서 활과 화살을 주고 당나라로 돌아갔답니다.

태자가 떠나고 나서 진의는 아들을 낳았어요. 진의는 아이의 이름을 작제건이라고 하였답니다.

작제건은 총명하고 용맹했어요. 남보다 일찍 글을 깨우치고, 활 솜씨도 뛰어났지요.

"아니, 어찌 저리 활을 잘 쏠까?"

"그러게 말이지. 가르쳐 주는 아비가 없는데도 참 잘하지 뭐야."

마을 사람들이 수군대는 소리를 들을 때마다 작제건은 아버지 얼굴도 모르는 제 신세를 원망했어요.

작제건이 열여섯 살이 되자, 당나라에 가서 아버지를 찾기로 마음먹었어요. 그래서 어머니에게 제 뜻을 말했지요.

"어머니는 제가 어려서부터 당나라 태자의 아들이니 자부심을 가지라 하셨지만, 저는 아버지의 얼굴도 모릅니다. 당나라에 가서 아버지를 찾겠습니다. 그리고 당당히 아버지의 뒤를 잇겠습니다."

어머니 진의는 아들이 품은 큰 뜻을 눈치채고는 고개를 끄덕였어요.

"아들이 아비를 찾는 건 당연한 일이지. 또 아들이 아비의 뒤를 잇는 것도 맞는 일이다. 네 뜻을 누가 말리겠느냐? 어서 가거라. 아마도 늠름하게 자란 너를 보면 그 분도 기뻐하실 게다."

작제건은 어머니의 허락을 받자마자 아버지가 남긴 활과 화살을 들고 길을 떠났어요. 당나라에 가려면 배를 타고 험한 바다를 건너야 했지요. 작제건은 당나라로 가는 배에 올라탔어요. 배는 돛을 올리고 바다를 헤쳐 나갔어요. 그런데 며칠 뒤 느닷없이 구름이 몰려오고 비바람이 불더니 안개가 바다를 뒤덮었어요. 배를 이끌던 선장은 뱃머리에서 사방을 둘러보고는 배를 세웠어요. 한치 앞도 보이지 않아 자칫 잘못했다가는 배가 바위에 부딪칠 수도 있었거든요. 배는 며칠 동안이나 바다 위에 멈춰 있어야 했어요.

"이대로 있다가는 우리 모두 죽을 것이오! 배가 뒤집혀서 죽거나, 굶어 죽거나."

"며칠 동안 안개가 걷히질 않는 걸 보니 용왕이 노하신 게 분명하오. 우리 모두 살아 돌아가지 못할 것이오."

뱃사람들은 안절부절못했어요. 그러자 한 사람이 나서서 점을 쳤어요. 점괘가 나오자 큰 소리로 말했지요.

"이 배에서 고구려 땅에 사는 사람을 내려놓아야 아무 탈 없이 당나라에 닿을 것이오."

그 사람 말에 작제건은 스스로 사람들 앞에 나섰어요.

"내가 고구려 땅에 사는 사람이오. 나 혼자 죽어 여러 사람을 살릴 수 있다면, 그리하리다."

작제건은 활과 화살을 들고 태연하게 뱃전에 올라 바다로 뛰어들었어요.

그러자 정말 거짓말처럼 안개가 걷히고, 바람이 잦아들었지요. 배는 다시 돛을 올리고 바닷물을 가르며 나아갔어요.

뱃사람들은 작제건이 물에 빠져 죽은 줄 알았을 거예요. 그렇지만 작제건이 뛰어내린 자리에는 커다란 바위가 솟아 있어 물에 빠지지 않았어요.

작제건은 바위에 올라서서 멀어지는 배를 우두커니 바라봤어요. 물에 빠지지는 않았지만 시퍼런 물이 넘실거리는 바다 한가운데 혼자 남았으니 살길이 막막했어요. 그런데 배가 떠나고 나자 한 노인이 홀연히 작제건 앞에 나타났어요.

"나는 서해를 다스리는 용왕이다. 그런데 부처의 모습을 한 여우가 나타나서 소라 나팔을 불고 북을 치면서 괴롭히니 살 수가 없구나. 네 활 솜씨가 빼어나다는 걸 익히 들어 알고 있으니, 그 여우를

고려 • 용왕의 후손, 삼국을 통일하다

없애 다오."

작제건은 서해 용왕의 부탁을 들어주기로 했어요. 그래서 활에 화살을 재고 여우가 나타나기를 기다렸답니다. 마침내 나팔 부는 소리와 북소리가 요란하게 들리더니 하늘 위에 부처의 모습이 나타났어요. 작제건은 부처를 보고는 놀라 얼른 활을 내렸어요. 그때 서해 용왕의 목소리가 멀리서 들려왔어요.

"속지 말아라! 저것은 부처가 아니고 여우이니라!"

작제건은 다시 활을 들었어요. 그리고 부처를 향해 힘껏 활시위를 당겼지요. 힘차게 날아간 화살은 부처의 가슴에 깊숙이 박혔어요. 화살을 맞은 부처는 땅으로 곤두박질쳤어요. 부처가 떨어진 곳에는 커다란 여우가 죽어 있었어요.

서해 용왕이 나타나 작제건을 불렀어요.

"네가 나를 살렸구나. 보답하고 싶으니 소원을 말해 보아라."

"소원이랄 게 뭐 있겠습니까? 저는 당나라에 가서 아버지를 뵙고, 훗날 동쪽 나라의 왕이 되고 싶을 뿐입니다!"

"네가 동쪽 나라의 왕은 될 수 없을 것이나 네 자손은 왕이 될 것이니라. '건'자를 쓰는 자손이 삼대에 이르면 모두가 떠받드는 왕이 될 것이다."

작제건은 서해 용왕의 말을 듣고 당나라에 가지 않기로 마음먹었어요. 왕이 될 수 없다면 고향으로 돌아가 어머니나 잘 모시고 살고 싶었지요. 작제건은 서해 용왕의 큰딸과 혼례를 올리고, 일곱 가지 보물과 돼지 한 마리를 얻어 집으로 돌아왔어요.

고향 사람들은 작제건이 용왕의 딸과 결혼한 걸 알고는 성을 쌓아 큰 집을 지어 주었어요. 그런데 서해 용왕이 준 돼지가 그 집에 들어가지 않고 엉뚱하게 송악군 산기슭으로 가서 주저앉지 뭐예요. 그곳은 작제건의 조상이 살던 곳이었어요.

"이것이 하늘의 뜻인가 보오. 이곳에서 삽시다."

작제건은 송악군에 터를 잡고 집을 지어 살았어요. 용왕의 딸인 아내는 집 앞마당에 우물을 파고 그곳을 통해 용궁에 드나들었지요.

"내가 용궁으로 갈 때는 절대로 우물 안을 들여다보지 마세요. 약속을 어기고 본다면 저는 다시는 사람이 사는 세상으로 돌아오지 않을 것입니다."

작제건은 아내의 말을 귀에 못이 박이도록 들었어요. 그런데도 궁금해서 견딜 수가 없었지요.

"사람의 몸으로 어떻게 깊은 용궁에 다녀오는 것일까?"

하루는 작제건이 호기심을 참지 못하고 우물가로 가는 아내 뒤를

몰래 뒤따라갔어요. 아내는 뒤를 흘끔 돌아보고는 아무도 보이지 않자 우물 안으로 몸을 던졌어요. 우물가 나무 뒤에 숨어 있던 작제건은 얼른 우물 안을 들여다봤어요. 그랬더니 아내는 황룡으로 변하여 용궁으로 사라졌답니다. 작제건은 아내가 왜 우물 안을 들여다보지 말라고 했는지 깨달았지요.

"내가 아내와의 약속을 지키지 않았으니 어찌할꼬."

작제건은 뒤늦게 후회했지만, 소용없었어요. 용궁으로 간 아내는 다시 돌아오지 않았어요. 작제건은 홀로 속리산에 들어가 불경을 읽으면서 남은 생을 마쳤어요.

작제건과 용왕의 딸 사이에는 아들 넷이 있었는데, 맏아들의 이름이 용건이었지요. 용건은 인물이 좋은 데다 마음이 넓었어요. 용건은 아름다운 아내를 맞이하여 송악 남쪽에 새 집을 지어 살았어요.

하루는 당나라에서 풍수지리를 공부하고 오던 도선 스님이 용건의 집 앞을 지나며 중얼거렸어요.

"기장쌀을 심어야 할 데에 삼을 심었구나."

용건은 도선 스님의 말을 듣고는 얼른 쫓아가 물었지요.

"스님, 무슨 말씀이십니까?"

"저 집이 마땅하지 않다는 것이오. 내가 알려 주는 대로 집을 지으면 큰 인물을 낳을 것이오."

용건은 귀가 번쩍 뜨여 도선 스님에게 머리를 조아렸어요.

"스님의 뜻을 따를 테니 알려만 주십시오."

도선 스님은 용건에게 집을 언제, 어떻게 지을지 알려 줬어요. 그리고 아들을 낳으면 반드시 이름을 '왕건'이라고 지으라면서 봉투를 건넸어요. 봉투에는 이렇게 적혀 있었어요.

"삼국을 통일할 임금에게 올리나이다."

용건은 그 봉투를 받아 들고 몇 번이나 고개를 숙였지요. 그러고는 도선 스님이 일러 준 대로 집을 지어 살았어요. 새 집에 들어간 달에 용건의 아내가 아기를 가졌고, 이듬해에 사내아이가 태어났어요. 용건은 아이 이름을 왕건이라고 지어 줬어요.

왕건은 무예가 뛰어나 궁예가 세운 후고구려의 장수가 되었어요. 후고구려의 힘은 점점 커졌어요. 그렇지만 궁예는 주위에 있는 신하들을 의심해 멋대로 가두고 죽이면서 백성의 인심을 잃었지요. 이 틈을 타서 왕건은 궁예를 몰아내고 나라를 차지했어요. 서해 용왕의 말대로 작제건의 자손이 왕이 된 거예요.

왕건은 왕에 오른 뒤 나라 이름을 고려라고 바꾸었어요. 고구려의 뒤를 잇는 나라임을 세상에 알리기 위해서였지요. 왕건은 나라

를 세운 이듬해에 도읍을 자신의 고향인 송악으로 옮겼어요. 왕건은 고려 땅 아래에서 세력을 키우고 있던 후백제와 한때 삼국 통일을 이뤘던 신라를 경계했어요. 왕건은 후백제가 쳐들어올 때마다 직접 군사를 이끌고 나가 싸웠어요. 그러면서 언젠가 후백제와 신라 두 나라를 고려의 깃발 아래 세워 통일을 이루리라 마음먹었지요. 왕건은 고려를 세운 지 19년 만에 이 꿈을 이뤘어요. 신라의 왕은 견훤이 이끄는 후백제가 쳐들어오자 신하들과 보물을 가득 실은 수레를 끌고 고려 땅으로 와서 왕건에게 무릎을 꿇었답니다. 그리고 후백제는 왕건이 이끄는 군사에 크게 져 스스로 무너졌지요.

왕건은 신라에 이은 통일 국가 고려의 첫 왕이 되었어요. 470여 년 동안 풍성한 문화를 꽃피운 고려 시대의 시작이었지요.

신화로 역사 읽기

☝ '왕건 신화'는 어떻게 전해져 내려오나?

역사책에 실려 있는 왕건 신화에는 왕건의 이야기가 없어. 대신 왕건의 6대조 할아버지부터 왕건의 아버지가 경험한 신비로운 이야기가 담겨 있지. 비록 신화에서 주인공인 왕건은 끄트머리에 살짝만 등장하지만, 조상들의 이야기를 통해 왕건이 새로운 나라를 세울 영웅이라는 것을 밝히고 있어. 왕건의 조상이 산신이 되었거나, 당나라 태자의 후손이거나, 용왕의 외손자라고 한 것도 왕건이 평범한 사람이 아니라는 걸 말해 주고 있지. 왕건 신화는 왕건이 고려를 세운 뒤 신하들이 지어냈어. 신하들은 백성들이 왕건을 우러러보게 하려고 이야기를 부풀렸을 거야.

✌ 고려는 왜 고구려를 잇는 나라라고 했을까?

궁예는 후고구려라는 나라를 세웠어. 본래 궁예는 신라 사람이라서 고구려하고는 별 인연이 없지. 그런데도 후고구려라고 한 것은 궁예가 자리 잡은 곳이 옛 고구려 땅이었기 때문이야. 그래서 궁예는 백성의 환심을 사기 위해 나라 이름을 후고구려라고 했지. 궁예를 내몰고 새 나라를 세운 왕건 역시 고구려의 맥을 잇는다고 해서 나라 이름을 고려라고 지었어.

고려는 불교의 나라?

왕건 신화를 보면, 도선이라는 스님이 왕건의 탄생을 예언하지. 또 어느 기록에는 도선 스님이 왕건의 스승이었다고도 해. 왕건은 후세 왕들에게 당부하는 글에서 불교가 고려를 세우는 데 큰 역할을 했다고 적고 있어. 또 불교를 나라의 종교로 삼았지. 하지만 불교가 정치에 지나치게 간섭하거나, 절이 마구 지어지는 것은 막았어. 그리고 불교뿐만 아니라 도교, 유교 등 다양한 사상과 문화를 받아들여 서로 조화를 이루도록 했지.

1392년~1897년

#

《용비어천가》는 한글로 쓰인 첫 번째 책이야. 조선을 세운 왕, 태조 이성계와 그 조상의 업적이 시로 적혀 있지. 또 후손들이 나라를 잘 다스리기를 바라는 글도 실었어.

태조 이성계는 본래 고려의 신하였어. 고려가 점점 기울어지고, 백성을 돌볼 힘이 없어지는 걸 보고 마음 맞는 신하들과 힘을 합쳐 새 나라 조선을 세웠지. 하지만 하루아침에 왕조가 바뀐 걸 못마땅해하는 사람들도 많았어. 그래서 세종은 《용비어천가》를 만들어 조선 왕조가 세워질 수밖에 없었다는 걸 보여 준 걸 거야. 고구려, 신라, 백제, 고려 등 대부분의 나라가 건국 신화를 만들어 퍼뜨린 것처럼 《용비어천가》는 조선의 건국 신화인 셈이지. 그럼, 조선이 어떻게 세워졌는지 살펴볼까? 조선 왕조의 신화는 태조 이성계의 조상으로 거슬러 올라가.

왕이 된
용감한 장수

태조 이성계의 고조할아버지는 고려의 지방 수령으로 있다가 원나라 땅으로 옮겨가 살았어요. 그곳에서 용맹한 장수로 이름을 떨치며 벼슬에 올랐답니다. 아들 이행리와 손자인 이춘도 그 뒤를 이어 훌륭한 장수가 되었지요. 특히 이춘은 활을 아주 잘 쏘았어요. 한번은 이춘이 백 보나 멀리 떨어져 있는 큰 나무에 까치 두 마리가 앉아 있는 걸 보고는 활시위를 당겨 맞히려 했어요. 그러자 옆에 있던 사람들이 고개를 절레절레 흔들었지요.

"아무리 자네라도 저건 못 맞힐 걸세. 너무 멀어서 잘 보이지도 않는데 어떻게 맞히겠는가?"

이춘은 대꾸하지 않고 까치를 향해 활시위를 당겼어요. 화살이 날아가자마자 까치가 나무 아래로 뚝 떨어졌는데, 화살 하나로 두 마리를 꿰어 맞혔지 뭐예요.

이런 이춘의 활 솜씨는 사람만 알아준 게 아니었어요. 어느 날, 이춘의 꿈에 한 사람이 나타나 이러더래요.

"나는 백룡인데, 흑룡이 나타나 내 집을 빼앗으려 한다오. 부디 흑룡을 없애 주시오."

이춘은 같은 꿈을 여러 차례 꾸었어요. 이상하다 싶어 백룡이 말한 곳에 가 보았지요. 그랬더니 진짜 큰 연못에서 백룡과 흑룡이 엉겨 붙어 싸우고 있지 뭐예요. 이춘은 백룡이 시킨 대로 활을 꺼내 흑룡을 쏘아 맞혔어요. 흑룡은 무시무시한 소리를 내면서 고꾸라졌지요. 흑룡의 피가 연못을 붉게 물들였어요.

그날 밤이었어요. 꿈에 다시 백룡이 나타나 말했어요.

"고맙소. 그대의 자손에게 큰 경사가 있을 것이오."

이춘의 아들이자 이성계의 아버지인 이자춘은 원나라의 세력이 점차 약해지자 조상들이 살았던 고려로 돌아왔어요. 고려 공민왕은 뛰어난 장수이면서 따르는 사람들이 많았던 이자춘을 반갑게 맞아 주었어요. 이자춘에게 벼슬자리를 주어 고려에서 뿌리를 내리고 살도록 도왔답니다.

이자춘에게는 아들이 둘 있었어요. 그중 큰아들이 조선을 건국한

태조 이성계예요.

이성계는 태어날 때부터 남달랐어요.

콧마루가 높고, 용의 얼굴에 풍채가 아주 좋았어요. 또 총명하고 슬기로울 뿐만 아니라 용맹했어요. 이성계는 할아버지, 아버지가 그랬듯이 뛰어난 장수로 자랐답니다.

이성계는 할아버지 이춘처럼 활을 아주 잘 쏘았어요. 화살 하나로 담 위에 앉아 있는 까마귀 다섯 마리를 단번에 꿰뚫을 정도였지요. 또 말을 타고 가다가 호랑이가 말 궁둥이로 기어올라 덮치려 하자, 한 손으로 후려쳐서 호랑이를 내동댕이칠 만큼 힘도 장사였답니다.

힘이 센 이성계는 여러 차례 아버지와 함께 전쟁터에 나가 크게 이겼어요. 아버지가 죽은 뒤로는 아버지 관직을 이어받아 홍건적(머리에 붉은 수건을 둘렀던 도둑의 무리)에게 빼앗긴 땅을 되찾는가 하면, 바닷가 마을에 사는 백성을 괴롭히는 왜구를 무찔렀어요. 이성계는 싸움터에 나가 단 한 번도 진 적이 없었답니다.

왜구가 배 5백 척에 병사 2만여 명을 이끌고 쳐들어왔을 때도 이성계가 나섰어요. 왜구들은 나이 어린 장수 아기바투의 지휘로 고려 땅 깊숙이 밀고 들어왔어요. 자칫 잘못하다가는 나라가 위태로워질 판이었지요. 이성계는 물러서지 않고 끝까지 버텼어요. 그러다가 지리산 기슭에서 활을 쏘아 아기바투를 죽이고, 장수를 잃어 우왕좌왕하는 왜구를 모두 쓸어버렸어요. 이 싸움을 '황산전투'라고 한답니다.

황산전투에서 크게 이긴 이성계는 고려에서 가장 믿을 만한 장수로 인정받게 되었어요. 전쟁터에서 장수로 이름을 떨치던 이성계는 궁궐로 들어와 나랏일까지 하게 되었지요.

그러던 어느 날, 이성계는 이상한 꿈을 꾸었어요. 금방 쓰러질 것처럼 낡은 집에 들어가 서까래 세 개를 등에 지고 나오는데, 꽃이 떨어지고 거울이 깨지는 거예요.

'꿈이 영 불길하구나. 나쁜 일이 생길 걸 미리 알려 주는 것인가?'

이성계는 잘 아는 승려 무학을 찾아가 꿈 얘기를 했어요. 무학은 이성계의 얘기를 가만히 듣고는 빙긋이 웃었습니다.

"나쁜 꿈이 아닙니다. 폭삭 주저앉을 것처럼 낡은 집은 지금의 고려 상황을 말하는 겁니다. 그리고 서까래 세 개는 '왕(王)'을 뜻합니다. 꽃이 떨어지면 열매를 맺기 마련이고 거울이 깨지면 소리를 내니, 그 꿈은 기울어 가는 고려를 무너뜨리고 왕위에 오르신다는 겁니다. 부디 이 꿈을 무심히 넘기지 마십시오."

이성계는 무학의 말을 듣고 가슴이 뛰었지만, 믿기지는 않았어요. 큰 꿈을 품긴 했지만, 왕족도 아닌 자신이 왕이 될 거라고는 꿈에도 생각하지 못했으니까요.

당시 고려는 안팎으로 무척 혼란스러웠어요. 나라 안으로는 개혁에 앞장섰던 공민왕이 갑자기 죽으면서 갈팡질팡하였고, 나라 밖으로는 원나라를 밀어내고 중국 땅에 들어선 명나라가 고려를 사사건건 괴롭혔어요. 명나라는 말 5천 필, 베 5만 필, 금 5백 근, 은 5만 냥을 보내지 않으면 군사를 보내겠다고 으름장을 놓았어요. 전쟁을 피하려면 명나라의 요구를 들어줄 수밖에 없었지요. 명나라의 욕심은 끝이 없었어요. 제주도가 원나라 땅이었으니 명나라가 차지하겠다고 우기질 않나, 고려가 여진족을 몰아내고 되찾은 철령 땅까지 넘보았지요.

공민왕의 뒤를 이어 왕위에 오른 우왕은 북쪽 요동 땅에서 점점 세력을 키우는 명나라를 가만둘 수 없다고 생각했어요. 그래서 이성계에게 요동 정벌에 나서도록 했지요. 하지만 이성계는 생각이 달랐어요.

"작은 나라가 큰 나라를 거스르는 것은 옳지 않습니다. 그리고 여름철에 군사를 동원하는 것은 옳지 않으며, 군사들이 북쪽으로 몰려가면 왜구들이 그 틈을 노릴 것입니다. 또 지금 내리는 여름비로 활에 입힌 아교가 풀어지고, 군사들 사이에 전염병이 돌 것이니 이

정벌은 옳지 않습니다."

이성계는 네 가지 이유를 들어 요동 정벌에 반대했어요. 하지만 우왕은 뜻을 굽히지 않았지요. 결국 이성계는 군사를 이끌고 요동 정벌에 나섰어요. 요동에 가려면 압록강을 건너야 했지만, 여름 장맛비에 물이 불어 엄두가 나지 않았어요. 이성계는 압록강에 있는 위화도에 군사를 머물게 했어요.

"압록강을 건너기 쉽지 않고, 더운 날 먹을 식량마저 떨어져 군사들이 지쳐 있으니 어찌 전쟁을 치를 수 있겠는가? 명나라의 미움을 사면 백성이 화를 입을 것이니 이대로 있을 수는 없다."

이성계는 왕의 명을 어기고 말머리를 돌려 군사들을 이끌고 의주로 되돌아왔어요. 이것을 '위화도 회군'이라고 한답니다.

이성계의 군사들이 위화도를 떠난 뒤 위화도는 장맛비에 잠겨 버렸어요. 이성계가 군사들을 이끌고 돌아가지 않았다면 수만 명의 군사가 큰 변을 당할 뻔한 거예요. 사람들은 이성계가 옳은 판단을 했다고 여겼지요.

그 무렵 이미 고려 땅 곳곳에서는 아이들이 "목자가 나라를 구한다."는 노래를 불렀답니다. 목자(木子)는 '이(李)'씨 성을 가진 이성계를 가리키는 말이었지요.

우왕은 이성계가 위화도에서 돌아온다는 소식을 듣고는 불같이 화를 냈어요.

"왕의 명을 거역하다니, 그놈이 목을 내놓겠다는 것이구나. 당장 이성계를 잡아들여라!"

우왕은 고려 땅 곳곳에 이성계를 잡아오는 사람에게는 큰 상을 내리겠다는 방을 붙이도록 했어요. 그리고 환관들을 시켜 이성계와 부하들의 집을 습격하도록 했어요. 그렇지만 이성계가 집에 없어 실패하고 말지요.

그 일로 이성계는 자신을 따르는 사람들과 힘을 합쳐 우왕을 왕의 자리에서 끌어내려 강화도로 쫓아냈어요. 그리고 우왕의 아들을 새 왕으로 세웠지요. 바로 창왕이랍니다. 이성계는 창왕을 앞세우고 여러 개혁 정치를 펼쳤어요. 가장 큰 개혁은 오랫동안 멋대로 땅을 차지하고 권력을 누리던 벼슬아치들의 땅을 빼앗아 나라 땅으로 만든 거예요. 권세가들의 땅문서를 모두 빼앗아 개경 시장 한복판에서 태우던 날, 시장에 까맣게 모여든 사람들은 손뼉을 치며 좋아했어요.

이성계의 위세는 점점 대단해졌어요. 그러자 이성계를 경계하는 사람들이 우왕을 다시 왕으로 세우려 했지요. 하지만 이 일이 들통이 나서 우왕과 창왕은 처형당하고 맙니다. 제 손으로 뽑은 왕을 제 손으로 죽인 이성계는, 공양왕을 새로운 왕으로 내세웠어요. 공양왕은 왕의 자리에 앉았을 뿐이지 아무런 힘도 없는 허수아비였어요. 그래도 공양왕은 이성계의 힘을 누그러뜨리고 왕의 자리를 지키기 위해 애썼답니다.

이제 고려 땅에서 이성계를 막을 사람은 아무도 없었어요. 이성계를 믿고 따르는 학자들은 새로운 정치를 펼치려면 새로운 나라를 세워야 한다고 생각했어요. 제대로 백성을 돌보지 못하는 고려는 이

제 역사에서 사라져야 한다고 주장했지요. 이들은 공양왕을 찾아가 스스로 물러나게 했어요. 그러고는 고려 임금이 써 오던 국새를 들고 이성계를 찾아갔어요.

"5백 년을 이어 온 고려는 공민왕이 갑자기 세상을 떠나신 뒤 제대로 대를 잇지 못했습니다. 여러 왕이 그 자리에 올랐으나 나라를 올바르게 다스리지 못했습니다. 또한 간사한 신하들의 무리가 나라를 뒤흔들어, 고려는 위태로운 처지에 놓여 있습니다. 부디 왕의 자리에 오르셔서 이 나라와 백성을 돌보십시오."

신하들이 이성계 집 대문 앞에 엎드려 간청했지만, 이성계는 대문을 열지 않았어요. 신하들은 물러서지 않고 늦은 밤까지 간청했어요. 이성계는 마지못해 대문을 열었지요.

"한 나라의 왕이 되는 것은 하늘의 뜻이다. 나같이 부족한 사람이 어찌 하늘의 뜻을 얻을 수 있겠느냐."

이성계는 고개를 내저었지만, 신하들은 국새를 올리며 더 간곡하게 말했어요.

"백성의 뜻이 곧 하늘의 뜻이며, 하늘의 뜻이 백성의 뜻이옵니다. 온 백성이 왕위에 오르시기를 바라오니 부디 그 뜻을 물리치지 마시옵소서."

이성계는 한참 동안 망설이다 국새를 받았어요. 그러고는 신하들의 호위를 받으면서 궁으로 들어갔어요.

1392년 7월 17일은 고려 왕조가 끝나고 조선의 5백 년 역사가 시작된 날이에요. 이성계는 한동안 자리에 앉지 않고 서서 나랏일을 했다고 해요. 왕을 내쫓고 신하가 왕이 된 것을 손가락질하는 백성의 마음을 얻기 위해서였지요.

하지만 고려의 왕족들에게는 모질게 대했어요. 왕족들이 힘을 모아 다시 들고 일어날까 봐 두려웠거든요. 그래서 왕족들을 강화도, 거제도 같은 섬으로 보낸다 하고는 바다 한가운데에 빠뜨려 죽였지요. 용케 살아남은 왕족들은 왕(王)씨 성을 전(全)씨나 옥(玉)씨로 바꾸고 숨어 살았답니다.

반대 세력들을 물리치고 왕위에 오른 이성계는 곧장 나라를 새로 꾸리는 데 힘을 쏟았어요. 그러면서 나라 이름을 '조선'이라고 했답니다. 조선은 단군 조선의 맥을 잇는 나라임을 밝힌 것이지요.

이성계는 조선을 세운 지 2년 만에 한양으로 도읍을 옮겼어요. 이성계와 그를 따르던 이들은 한양에서 새로운 나라를 펼쳐 나갔지요.

조선의 5백 년 역사는 이렇게 새로운 정치를 꿈꾸던 이들의 손으로 시작되었답니다.

신화로 역사 읽기

👆 이성계가 나라를 세우는 걸 맹자가 도왔다고?

고려의 신하였던 이성계가 왕위에 오른 것은 엄청난 사건이었어. 더군다나 이성계를 따랐던 이들은 신하가 임금을 얼마나 잘 따라야 하는지 책으로 배우고 강조하던 사람들이었거든. 임금, 스승, 아버지의 은혜는 같다고 하던 사람들이 왕을 내쫓고 신하를 왕에 앉히다니 있을 수 없는 일이었지. 그렇지만 이성계를 돕던 정도전은 훌륭한 학자 맹자가 "임금이 민심을 잃으면 힘으로 새 임금을 세울 수 있다."고 한 말을 꺼내 조선 건국을 정당화했어. 고려의 왕들이 백성을 제대로 돌보지 못하니, 이성계가 왕이 되어 새 나라를 세워야 한다고 주장한 거야. 결국 맹자 덕분에 고려의 신하였던 이성계가 떳떳하게 왕의 자리를 차지할 수 있었던 거지.

✌️ 조선은 정도전이 꿈꾼 나라야

이성계는 평생을 전쟁터에서 지내서 나랏일은 잘 알지 못했어. 그래서 새로운 나라에 대한 구상은 정도전에게서 나왔지.

정도전은 자신이 생각한 나라를 조선에 실현하려 했어. 정도전은 백성을 근본으로 여기고 나라의 제도나 법이 백성을 위해서 만들어져야 한다고 생각했어. 그리고 관리들이 임금을 떠받들 듯 백성을 존중해야 나라가 바로 선다고 했지. 정도전은 조선의 기틀을 다지는 데 가장 크게 기여한 사람이야. 그런데 안타깝게도 정도전은 이성계의 아들 태종 이방원의 손에 죽어 자신이 꿈꾼 정치를 실현하지 못했어.

🤟 개경에서 인기 없는 이성계?

개경(당시의 도읍지) 사람들은 수많은 사람을 죽이고 궁궐을 피로 물들이면서 왕위에 오른 이성계를 못마땅하게 생각했어. 그래서 개경 여자들은 만두에 넣는 다진 고기를 '성계육'이라 부르며 마구 칼질을 했다고 해. 또 개경 사람들은 뒷간을 '서각'이라고 부르며 이성계를 비난했어. 서각은 왕이 일하는 건물이거든. 왕이 있는 곳을 뒷간이라고 했으니, 개경 사람들이 이성계를 어떻게 생각했는지 짐작할 수 있겠지?

대한민국

고종이 대한 제국을 선포하다
1897년

일본의 식민지가 되다
1910년

대한민국 임시 정부 세워지다

전국에서 3·1 운동 일어나다
1919년

대한 제국
(1897년~1910년)

일제 강점기 / 대한민국 임시 정부
(1910년~1945년)

1932년
이봉창, 윤봉길 의사 의거

1945년
광복을 맞다

1948년
남, 북한 정부가 따로 세워지다

대한 독립 만세!

만세! 대한 독립만세! 무조건 만세! 일본은 물러가라!

일본의 식민지가 되다

　5백 년의 역사를 이어 온 조선을 무너뜨린 건 일본이에요. 1875년 겨울, 일본은 일장기를 매단 군함을 앞세워 강화도를 침략했어요. 사람들을 죽이고 물건도 빼앗아갔지요. 그러고는 도리어 조선에 "조약을 맺든지, 싸움을 하든지 선택하라."며 생떼를 썼어요. 조선은 일본의 압력을 견디지 못하고 일본 배가 조선 해안을 자유롭게 다닐 수 있고, 조선에서 일본 화폐를 마음대로 써도 된다는 약속을 하고 말았어요. 또 조선에서 일본 사람들이 죄를 지어도 조선 정부가 재판하거나 처벌하지 못하도록 했지요. 강제로 한 이 약속을 시작으로 일본은 호시탐탐 조선을 집어삼킬 기회만 엿보았어요.

　1897년 고종은 조선이 중국, 일본, 러시아 같은 주변 국가들과 어깨를 겨루는 동등한 나라라는 것을 알리려고 나라 이름을 '대한 제국'으로 바꾸었어요. 하지만 일본은 대한 제국을 무시하고 1910년에 강제로 한국과 일본이 합쳐진다는 문서를 써서 나라를 빼앗았어요. 그 뒤 일본은 5천 년을 이어 온 한반도의 역사를 지워 버리려고 했지요. 그렇지만 우리 민족은 일본의 지배를 순순히 받아들이지 않았어요. 수십 년 동안 일본의 통치에 저항하며 맞섰지요. 대한민국이 세계 역사에 등장할 수 있었던 것은 나라를 되찾으려고 목숨 걸고 싸운 국민들이 있었기 때문이에요.

 **1919년 3월 1일, 태극기로 뒤덮인 한반도**

　1919년 3월 1일, 서울 탑골 공원에 사람들이 모여들기 시작했어요. 탑골 공원 한가운데 있는 팔각정 위에는 한 학생이 종이 한 장을 들고 서 있었지요. 공원에 모인 사람들은 모두 팔각정으로 눈을 돌렸어요. 사람들은 숨죽이며 팔각정 위에 선 학생을 바라보았지요. 학생은 종이를 들어 당당한 목소리로 읽어 내려가기 시작했어요.

　"오등은 자에 아 조선의 독립국임과 조선인의 자주민임을 선언하노라……."

　그것은 조선이 독립국임을 만천하에 알리는 독립 선언서였어요. 낭독이 끝나자 탑골 공원에 모인 사람들은 한목소리로 "대한 독립 만세!", "조선 독립 만세!"를 외치며 거리로 뛰어 나갔어요. 사람들의 손에는 저마다 태극기가 들려 있었지요. 사람들은 태극기를 힘차게 흔들며 독립 만세를 목이 터져라 외쳤어요.

독립 선언서(위), 민족 대표 33인(아래)

3·1 만세 운동

그 시각에 독립 선언서를 만든 민족 대표 33인은 따로 모여 조선의 독립을 선언했답니다. 민족 대표 33인은 곧 일본 경찰에 붙잡혀 끌려갔어요. 그렇지만 일본 경찰들도 거리를 가득 메우고 독립 만세를 외치는 사람들을 어쩌지 못했지요. 사람들은 약속이라도 한 듯 태극기를 흔들면서 골목골목에서 튀어나왔어요. 마치 작은 개울이 하나로 모여 거대한 강줄기를 이루듯 서울의 온 거리에는 독립 만세를 외치는 사람들로 가득 찼답니다. 나이 어린 학생부터 머리가 하얗게 센 노인까지, 흰 치맛자락을 날리는 여자들도 양복을 입은 남자들도 모두 태극기를 들고 독립 만세를 외쳤어요.

서울에서 시작된 만세 운동은 나라 안 곳곳으로 퍼져 나갔어요. 백두산 아래 작은 마을에서부터 제주도 섬마을까지, 사람들은 거리로 나와 독립 만세를 외쳤답니다. 이들은 총칼을 들고 막아서는 일본군 앞에서도 물러서지 않았어요. 사람들은 부모 형제가 죽어 가는 걸 보고도 목청껏 독립 만세를 외쳤어요. 태극기를 든 팔이 잘려 나가면 다른 쪽 팔로 태극기를 흔들다 끝내 숨을 거둔 사람들도 있었지요.

만세 운동은 일본 군인과 경찰들의 잔인한 진압으로 점점 수그러들었어요. 그렇지만 만세 운동이 틔운 독립운동의 불씨는 꺼지지 않았지요. 만세 운동 이후 비밀리에 수많은 독립운동 단체들이 만들어져 나라 안팎에서 일본군과 맞서 싸웠답니다. 일본을 우리 손으로 내쫓고 나라를 되찾으려는 독립운동은 1945년 8월 15일 광복이 되는 그날까지 계속 이어졌지요.

1919년 3월 1일 만세 운동은 온 국민이 스스로 이 땅의 주인이며, 어느 나라의 통치도 받지 않겠다는 강한 의지를 보여 준 것으로 대한민국 임시 정부가 세워지는 데 발판이 되었답니다.

상해에 세워진 대한민국 임시 정부

3·1 운동이 일어난 뒤 나라 밖에서 독립운동을 이끌던 사람들은 대한민국 정부를 세울 준비를 했어요. 3·1 운동을 통해 전 세계에 우리나라가 독립 국가임을 알렸으니 일본에 맞설 정부를 세우고자 했던 것이지요.

러시아 땅 연해주의 도시 블라디보스토크에서 활동하던 독립운동가들은 1919년 3월 17일 '대한국민의회'를 구성했어요. 또 4월 10일에는 중국 땅에서 활동하던 독립운동가들이 모여 상해에 대한민국 임시 정부를 수립

대한민국 임시 정부 청사

했어요. 서울에서도 여러 독립운동 단체들이 모여 임시 정부를 세울 계획을 짰지요. 그리고 마침내 4월 23일에 대한민국 임시 정부를 선언했답니다.

이렇게 곳곳에서 구성된 임시 정부는 곧 하나로 통합할 준비를 했어요. 그리고 마침내 1919년 9월 6일 상해에서 대한민국 임시 정부 출범식이 치러졌답니다. 나라 안팎에서 활동하던 모든 독립운동 단체가 한데 모여 세운 임시 정부는 민족 해방 운동을 지휘하며 새로운 나라를 세울 주춧돌이었지요.

임시 정부는 출범식을 하면서 새롭게 건설될 대한민국이 임금이 다스리는 나라가 아닌 국민 스스로 나라의 주인이 되는 나라라는 걸 분명히 했어요. 대한민국의 국민이라면 어떤 차별도 없이 동등한 권리를 갖게 된다는 것이지요.

임시 정부의 청사는 상해에 있는 작은 3층 건물이었어요. 보잘것없지만

대한민국 임시 정부를 이끌던 사람들

그곳은 일본의 강제 점령을 거부하며 나라를 되찾겠다는 2천만 국민의 간절한 바람이 피워 올린 거대한 등불이었지요. 건물 앞에는 버젓이 임시 정부 현판이 붙어 있고, 옥상에는 태극기가 휘날렸어요. 나라를 잃고 쫓기듯 상해로 온 사람들은 펄럭이는 태극기를 보면서 가슴이 벅차올랐지요. 상해에 있는 동포들과 나라 안에 있는 사람들은 성금을 모아 임시 정부로 보냈어요. 그리고 중국 땅과 만주에 흩어져 살던 조선인들이 상해로 몰려들어 임시 정부 둘레에 큰 조선인 마을을 이뤘답니다. 상해는 중국 땅이지만, 대한민국의 독립운동을 이끄는 거점이 되었지요. 다른 나라에 사는 동포들도 임시 정부가 세워졌다는 소식을 듣고 곧 독립이 되리란 희망을 품으며 성금을 모아 보냈답니다.

임시 정부는 중국을 비롯한 외국에 살고 있던 동포들에게 대한민국 정부가 세워졌다는 것을 알리는 데 힘썼어요. 그리고 나라 안 각 지역을 연결할 수 있는 비밀 조직을 만들어 어른 한 사람당 1원씩 내는 인구세를 걷었어요. 그렇지만 아쉽게도 일본의 철통 같은 감시로 비밀 조직들은 제대로 활동하지 못했어요.

임시 정부의 첫 대통령으로는 미국에서 독립운동을 펼치던 이승만이 뽑혔어요. 하지만 이승만은 우리나라 통치를 미국에 위임한다는 청원을 내서 비난을 받고 대통령 자리를 내놓아야 했어요. 이승만의 뒤를 이어 박은식이 대통령이 되었지만, 이듬해 그만두었고요.

임시 정부는 일본의 탄압으로 활동을 자유롭게 할 수 없는 데다 임시 정부를 이끄는 사람들의 생각이 서로 달라, 여러 차례 사라질 위기를 맞았어요. 그렇지만 임시 정부는 위기를 잘 극복하며 독립운동의 구심점 역할을 했답니다.

임시 정부, 일본에 총을 겨누다

1932년 4월 29일, 상해 홍구 공원에서 큰 행사가 열렸어요. 일본 왕의 생일을 축하하고, 상해에서 일본이 중국과 싸워 이긴 것을 기념하는 자리였지요. 이른 아침부터 상해 거리에서는 일본 군인들이 모는 장갑차와 전차가 행진하고, 하늘에서는 일본 비행기가 축하 비행을 벌였어요. 훙구 공원에는 일본 사람들이 새까맣게 모여들었지요. 일본 총영사와 일본군을 이끄는 장교들도 일찌감치 행사장 단상 앞자리에 자리를 잡았어요.

행사가 시작되자 총영사가 앞으로 나와 축사를 읽었어요. 축사를 마치자 일본의 국가가 공원에 울려 퍼졌지요. 한쪽에서는 행사를 축하하는 포를 쏘았고요. 그 순간 일본 사람들 속에 서 있던 한 남자가 앞으로 뛰어나와 어깨에 메고 있던 물병을 총영사와 장교들이 앉아 있는 단상에 힘껏 내던졌어요. 그 순간 하늘이 무너지는 것 같은 엄청난 소리가 나면서 단상에 앉아 있던 사람들이 피범벅이 되어 쓰러졌어요. 물병은 폭탄이었던 거예요.

폭탄을 던진 남자는 "대한 독립 만세!"를 외치면서 들고 있던 도시락을 다시 높이 쳐들었어요. 그러나 일본 경찰이 몰려와 도시락을 빼앗고, 남자

윤봉길 의사(위), 이봉창 의사(아래)

를 때려 쓰러뜨렸어요. 이 남자가 바로 윤봉길이었어요.

윤봉길이 상해에서 폭탄을 던지기 전인 1932년 1월 8일, 도쿄에서는 독립운동가 이봉창이 일본 왕에게 수류탄을 던졌어요. 이처럼 많은 독립운동가들이 무장 투쟁을 했어요.

1940년 임시 정부는 무장 투쟁 독립군을 모두 모아 광복군을 창설했어요. 그러면서 일본과 맞서 싸워 우리 힘으로 나라를 되찾겠다는 뜻을 분명히 밝혔지요. 그리고 1941년 일본이 미국의 진주만을 공격하면서 태평양 전쟁을 일으키자, 일본에 선전포고를 했답니다.

임시 정부는 광복군을 우리 땅으로 보내 일본군과 맞서 싸울 채비를 했어요. 그렇지만 1945년 일본이 미국의 원자 폭탄 공격을 받고 항복하면서 우리는 광복을 맞게 된답니다. 아쉽게도 우리 손이 아니라 미국의 힘으로 나라를 되찾은 거지요.

1945년 광복

그 바람에 일본군이 물러난 우리 땅은 38도선을 경계로 북쪽에는 소련군이, 남쪽에는 미군이 들어와 나라가 안정될 때까지 통치하겠다고 나섰어요. 이를 '신탁 통치'라고 해요. 신탁 통치에 반대하며 우리 스스로 나라를 다스리자는 목소리가 전국에서 울려 퍼졌지만 소용없었어요. 38도선은 한민족을 두 개의 나라로 나누는 분단선이 되고 말았답니다.

   1948년 5월 10일 남한에서는 우리 역사 처음으로 국회의원 선거가 치러지고, 8월 15일에는 대한민국 선포식을 했어요. 남한에서 단독 정부가 세워지자, 북한에서도 1948년 9월 9일 조선민주주의인민공화국을 선포했지요.

   임시 정부를 이끈 김구는 통일 정부를 세우려고 노력했지만, 뜻을 이루지 못했어요. 우리 민족은 일본으로부터 나라를 되찾은 기쁨을 누릴 겨를도 없이 나라가 둘로 갈라지는 아픔을 당해야 했답니다.